本书受国家自然科学基金青年科学基金项目（42101187）、
国家社会科学基金重大项目（21ZDA064）资助

Polycentric Governance in
China's Urban Agglomeration

A Case Study of Changsha-Zhuzhou-Xiangtan
Urban Agglomeration

中国城市群多中心治理机制研究

以长株潭城市群为例

张衔春——著

ZHEJIANG UNIVERSITY PRESS

浙江大学出版社

序

近日，浙江大学公共管理学院张衔春研究员就其专著《中国城市群多中心治理机制研究：以长株潭城市群为例》央我作序。仔细阅读初稿之后，我欣然为之。

作为张博士的硕士研究生导师，我非常赞赏张博士能对硕士研究成果进行悉心整理与完善，并以专著的形式出版。这是张博士在北京大学城市与环境学院所进行的学术训练的宝贵成果。虽然当初有与中国城市规划设计研究院的城市与乡村规划设计研究所的课题作为支撑，但是能对案例地区的区域治理模式和背后的制度与发生的博弈进行深入解析也实非易事。同时，相关研究成果在其硕士学习期间以研究性论文的形式公开发表，我认为这是作为一名优秀学者的良好开端。

实施城市群区域治理在我国有着深刻的现实必要性。传统"一个地方、一级政府"以及分层设权的行政管理模式受制于地方本位主义以及信息不对称等问题，在当前经济全球化与区域一体化的发展态势之下，中国面临从管理到治理的结构与模式转型。这一区域性的制度重构目前较为成功的试验主要发生在东部的珠三角、长三角地区与京津冀城市群中。从1992年的长江三角洲城市经济协调会与2004年的泛珠三角区域合作与发展论坛，到新时代《京津冀协同发展规划纲要》《粤港澳大湾区发展规划纲要》等城市群发展规划的编制与实施，均预示着多元利益主体协同治理的模式在东部发达地区找到了合适的制度土壤与社会经济条件。

但是，长期被学者所忽略的中西部地区在区域一体化进程中，由于快速工业化并未完成，区域发展中的"虹吸效应"显著，由此形成截然不同于东部发达地区的区域治理路径。自2007年长株潭城市群与武汉都市圈获批为国家"两型社会"示范区，中部地区已经在区域生态环境保护与污染治理领域率先走出了绿色环保的工业化治理路径。本书在此背

1

景下探索了湖南省长株潭城市群的治理试验，特别是对"绿心"生态保护与"两型"示范园区建设的治理进行探索，对当前国土空间规划编制中的生态文明建设与高质量发展均具有重要参考价值。该项工作凸显了中部城市群在中国战略发展与制度改革中的先锋地位。

此外，该项工作的另外一个重要价值在于从西方发达国家的城市区域治理经验中寻找适合中国的多中心治理路径。张衔春博士指出，西方的治理经验与其政府、市场、社会的三元互动格局密不可分，从权力分配、制度设计、组织结构等方面均体现了"新区域主义"的公私合作的价值取向。但是对于中国中部地区来说，快速城镇化与工业化依然是治理模式所需要处理的主要任务。基于中国"服务型政府"的特点，建立府际的合作关系，保障社会公众的积极参与，特别是有效调动社会资本，是实现中国区域治理稳定化、常态化与有效化的重要选择。因此，本书的多中心治理框架不是对治理模式的推倒重来，而是完善"服务型政府"、探索多元合作的治理模式。我认为，该框架更符合中国国情与未来长株潭城市群的区域发展规划。

张衔春博士在本书的写作过程中遇到不少挫折与困难。好在最终悉数克服，并形成今天的成稿。对于中国城市群一体化治理的探索是其未来研究的主要方向与目标。中国区域治理的研究讲求与西方先进经验的对话与学习，但更重要的是扎根于中国本土的经济社会结构，探索不同地方背景下的治理试验与所需要改进的制度问题。我相信本书将是一个良好的学术开端，可以为未来张衔春博士对城市群治理的研究提供坚实的基础与框架。

北京大学城市与环境学院教授

中国城市规划学会副理事长

2021年3月3日于北京大学未名湖畔

目　录

第一章 绪 论

第一节 研究背景

一、经济全球化背景下，全球生产网络凸显区域产业经济协作

经济全球化与区域一体化已成为当前世界政治、经济、文化发展的主流趋势。而经济全球化的传统模式，即由有强大经济、军事实力的经济体（美国、日本、欧盟）支撑起美元、日元等资本体系并向发展中国家单方向输出资本的模式，逐步向新经济全球化模式转变。新经济全球化模式下，大量新的资本输出国不断出现，传统资本强国对于外来商品的依赖度加强，使得单边贸易与资本入侵的形势被改变。贸易生产的一体化与生产、贸易、服务的国际化作为新经济全球化模式的重要特征，也在着力塑造与之相匹配的全球生产网络（Berry et al.,1997）。多边贸易体制的逐步形成使得生产与消费活动都呈现全球范围内的网络化空间布局。而这种网络化发展趋势在经济地理格局上重点表现为全球城市网络（global city network）和全球城市区域（global city-region）的出现。

在社会主义市场经济下的中国，资本在全球层面的运行逻辑主要表现为两种模式，即通过资本快速回流实现资本增长的外向型投资模式及本土内销的外商投资模式。两种模式各自衍生出不同的发展路径，前者形成中国"世界工厂"的经济地位，后者强力推动区域技术增长与产业分工协作（王坦，赵晓斌，2006）。基于此，目前全国范围内形成不同等级的区域合作模式，如香港—广州—珠江三角洲区域合作模式、北京—天津—渤海湾区域合作模式等。城市群作为区域经济产业合作的基本地

理空间单元，在区域经济发展演化过程中，一方面承接与落实国家经济政策与区域发展战略，另一方面内部协调统一，集中调配区域优势资源，分工互补，形成产业竞争优势。近些年，中国三大城市群在对外贸易、产业协作等方面取得重要成绩（见表1—1），成为区域发展的"领头羊"。同时，这种区域协作模式也为内陆其他城市群发展提供本土化的经验借鉴。

表1—1 2018年三大城市群在地区生产总值、对外进出口总值和实际利用外资方面的数据一览

三大城市群		地区生产总值/亿元	人口（常住人口）/万人	对外进出口总值/亿美元	外商投资总额/亿美元
京津—渤海湾		186924.91	25676	9959.5	16697
其中	北京	30319.98	2154	4124.9	5477
	天津	18809.64	1560	1225.6	2906
	河北	36010.27	7556	539.0	1087
	山东	76469.67	10047	2924.0	3452
	辽宁	25315.35	4359	1146.0	3775
上海—长江三角洲		181472.42	16212	16119.5	23867
其中	上海	32679.87	2424	5156.8	8849
	江苏	92595.40	8051	6639.1	10560
	浙江	56197.15	5737	4323.6	4458
港澳—珠江三角洲		124574.77	12157	10844.6	19235
其中	香港	23688.00	748	—	—
	澳门	3609.00	63	—	—
	广东	97277.77	11346	10844.6	19235
三大城市群汇总		492972.10	58100	36923.6	59799
全国汇总		900309.50	139538	46224.2	77738

资料来源：根据《中国统计年鉴2019》《中国城市统计年鉴2019》《河北经济年鉴2019》《山东统计年鉴2019》《辽宁统计年鉴2019》《江苏统计年鉴2019》《浙江统计年鉴2019》《广东统计年鉴2019》整理所得。

二、国家重大区域开发战略，为区域协同发展提供政策平台

1949年新中国成立后，中央政府基于高度集中的计划经济管理体制所实施的区域开发战略汲取了苏联平衡—协调的生产力布局理论，通过国家强力干预、政策扶植与资金援助，在区域层面帮助落后地区建立完

整的工业体系，实现整体的区域协同发展与调配。而在区域协同的过程中，国家安全与国防目标与区域发展目标相统一（王荣科，2002）。

1978年改革开放后，尤其是2000年后，中国的区域开发战略在实现区域差异化发展的基础上，通过重大区域政策带动区域开发。全国层面，整体上践行"西部大开发、中部崛起、振兴东北老工业基地"的区域发展政策；区域层面，依托不同区域的资源禀赋、经济基础等条件制定差异化的区域开发战略，包括湖南和湖北的"两型"社会建设综合配套改革试验区、京津冀一体化、以济南和青岛为核心的山东半岛城市群、鄱阳湖生态经济区、黄河三角洲生态经济区、辽宁沿海经济带等。这种差异化的区域开发战略强有力地整合区域分散资源，形成富有竞争力的区域经济体，有助于培育新的区域经济增长极。同时，基于生态本底保护的《全国主体功能区规划》在全国层面划定"四区"，实施强制性的空间管制，促进区域经济协调与跨区域的生态保护。而基于新型城镇化发展编制的《全国促进城镇化健康发展规划（2011—2020年）》，以城市群为单位，进一步再造10个大型跨区域城市群[①]，实现东部、中部、西部地区协调发展。2015年，长江中游城市群概念被提出，空间范围上包括武汉城市圈、环长株潭城市群与环鄱阳湖城市群。这一空间概念的提出标志着跨城市群与省域边界的战略组合成为整合地区资源、提升区域经济社会竞争力的发展策略之一。同时，为进一步发挥京津冀、长三角与珠三角的区域发展龙头作用，《京津冀协同发展规划纲要》《长江三角洲区域一体化发展规划纲要》《粤港澳大湾区发展规划纲要》相继颁布，旨在提升三大城市群的综合竞争力。国家这些重大的区域开发战略，一方面，旨在实现全国层面的区域协调发展，包括东部、中部、西部地区协调发展，城乡协调统筹；另一方面，通过税收政策、土地政策、管理政策等实现区域内部协调统筹与高效的空间治理。

---

① 陈岩鹏.城镇化规划拟再造十大城市群新增区域偏中西部[EB/OL].(2013-06-05).http://finance.sina.com.cn/china/20130605/230715710000.shtml.

三、新型城镇化发展模式要求依托城市群促进区域经济发展

城市群是城镇化发展到高级阶段的产物，也是推动新型城镇化发展的主体空间形态。面对全球经济一体化与国家间竞争，国家经济发展动力将难以从单一的大城市中获得，而是越来越多地依赖于城市群一体化发展。城市群一方面可以强化中心城市的辐射、带动作用，扩大城市集聚经济优势；另一方面有助于优化调整产业空间布局，促进不同规模城市间的统筹规划，实现优势互补、分工协作。根据2014年3月颁布的《国家新型城镇化规划（2014—2020年）》，中国未来将按照统筹规划、合理布局、分工协作、以大带小的原则，发展集聚效率高、辐射作用大、城镇体系优、功能互补强的城市群，统筹制定实施城市群规划，统筹交通基础设施和信息网络布局，加快推进城市群一体化进程。党的十九届五中全会对新型城镇化战略作出重要部署，《中共中央关于制定国民经济和社会发展第十四个五年规划和二〇三五年远景目标的建议》强调，以人为核心的新型城镇化将成为现阶段中国城镇化推进的主要目标和方向。要实现人的"身份的城镇化""发展机会的平等化""生产生活空间的优质化"与"生存环境的可持续化"。

目前国内发展已相对成熟的城市群有10个，分别为长三角城市群、珠三角城市群、京津冀城市群、辽中南城市群、山东半岛城市群、海峡西岸城市群、长江中游城市群、中原城市群、成渝城市群和关中城市群。上述10个城市群的行政区面积占全国总面积的11%，2017年，人口所占比重为54.97%，而GDP所占比重为66.80%，城市数量占全国城市总数的40%，城镇数量占全国建制镇总数的41%。也就是说，十大城市群以略大于全国1/10的土地面积，承载了全国1/2以上的人口，创造了全国3/5以上的GDP。因此上述十大城市群是中国最具经济活力与发展潜力的地区。此外还有9个正在形成中的城市群，分别是哈长城市群、北部湾城市群、晋中城市群、呼包鄂榆城市群、黔中城市群、滇中城市群、兰西城市群、宁夏沿黄城市群和天山北坡城市群（戴靓等，2021）。城市群逐渐成为支持国民经济和城镇化健康发展的最佳地理空间与有效产业组织

形式。然而，当前国内城市群空间布局不尽合理，集群效率不高，部分特大城市、中小城市和小城镇在职能、规模和承载力等方面未能协调发展，区域"虹吸效应"显著，导致经济社会和生态环境治理成本增加，制约了城市群的可持续发展。

四、生态文明建设与环境保护成为城市群建设的核心议题

在推进城市群建设、协调区域经济发展的过程中，须统筹各城市职能分工与合作。为实现城市第二产业和第三产业协调发展，须充分保障农业生产用地和生态用地。资源节约、生态友好的城市建设基底是城市群正常运行的前提条件。2007年12月，国务院批准长株潭城市群和武汉城市圈为全国资源节约型和环境友好型社会①（以下简称"两型社会"）建设综合配套改革试验区，以此探索在资源、环境、人口等压力日益增大背景下的区域经济和社会发展模式。2012年，党的十八大报告以独立篇章系统提出大力推进生态文明建设，并把生态文明建设放在"事关全面建成小康社会"的更加突出的战略地位，纳入社会主义现代化建设总体布局。生态文明被作为重要内容纳入城市群发展规划和建设中。2015年5月，《中共中央、国务院关于加快推进生态文明建设的意见》发布，提出了实施生态文明建设的纲领性策略、原则与发展目标。2017年，党的十九大报告中进一步提出详尽的生态文明建设举措，包括提高污染排放标准、健全环保信用评价制度等。生态文明建设重点强调统筹山水林田湖草系统治理，完善生态文明制度体系，将污染治理、绿色生态建设的理念融入城市群的建设中，深入贯彻"绿水青山就是金山银山"理念，结合人与自然和谐共处的思想，努力打造新时代生态文明典范城市。由此可见，生态文明建设已成为当前国民经济社会发展与城市群建设的核心任务之一。

---

① 资源节约型社会是指采取有利于资源节约的发展方式、生产方式、生活方式和消费方式，实现资源高效及持续利用，确保经济社会可持续发展的现代发展模式。环境友好型社会是一种人与自然和谐共生的社会形态，其核心内涵是人类的生产和消费活动与自然生态系统协调可持续发展。

推进建设"两型社会"是落实生态文明建设的有效途径。建设生态文明，实质上就是要建设以资源环境承载力为基础、以自然规律为准则、以可持续发展为目标的资源节约型、环境友好型社会。因此，建设"两型社会"是推进生态文明建设的着力点，而推进生态文明的城市群建设是中国城镇化健康发展、可持续发展的重要保障。

与此同时，除了生态保护，当前环境污染问题也逐步由城市范围向区域尺度蔓延。传统的单个城市的污染治理模式势必被打破，依托城市群实现区域环境治理成为未来城市群及中国环境保护领域的重要发展趋势。据报道，2014年4月14日，京津冀地区出现持续的空气污染，在检测的39个重要城市中，4个城市达到重度污染。北京成为区域污染最为严重的城市之一，PM2.5日均值浓度为220微克/米^3，AQI（空气质量指数）值为270[1]。同时，河流流域污染问题也主要发生在城市群尺度。以2014年湘江重金属污染为例，43个河段跨越9座城市，而在43个河段中，竟只有11个河段水质在三类标准以内，大部分河段水质为五类水，区域水污染问题严峻[2]。2019年，生态环境部通报的全国空气质量预报会商结果中，京津冀及周边区域、长三角区域、成渝城市群区域在1月中下旬均出现了中度以上的空气污染[3]。城市群具有跨越多个行政单元的地理特征，受行政区经济影响，跨区域的环境协调机制通常难以实现。包括生态保护问题在内，由于跨区域的协调治理机制缺失，跨界污染现象经常发生且有不断加重的态势，城市群成为区域生态保护与环境治理的重要地域单元（徐毅等，2009）。由环境及生态问题引发的区域重大事件成为制约区域发展的难题之一。在中国，当前跨区域协同治理尤其是城市群层面协同共治的建设效果并不理想。

---

[1] 环境保护部. 京津冀及周边地区持续出现空气重污染[EB/OL].(2014-04-15). http://www.mee.gov.cn/gkml/sthjbgw/qt/201404/t20140415_270580.htm?keywords=.

[2] 易征洋.落实"一号重点工程"省国土厅督查郴州湘江污染防治[R/OL].(2014-03-08).https://hn.rednet.cn/c/2014/03/08/3291551.htm.

[3] 生态环境部. 生态环境部通报2019年1月中下旬全国空气质量预报会商结果[R/OL].(2019-01-16). http://www.mee.gov.cn/xxgk2018/xxgk/xxgk15/201901/t20190116_689823.html.

第二节　研究目的与意义

一、研究目的

基于当前城市群发展的重要社会经济与生态环境意义，本书主要有以下四个方面的研究目的。

第一，通过整理已有文献成果及对国内外案例进行分析总结，归纳国内外当前在城市群区域治理，尤其是区域协同治理方面的基本理论，包括主要观点、治理体系与实践做法。

第二，总结归纳当前国际上具有代表性的（城市群或都市区）区域治理机制与模式，总结可供中国多中心城市群借鉴的治理经验及治理工具。

第三，从理论与实践层面分析中国中部地区的多中心城市群，特别是在"两型社会"试点下的城市群，实施多中心网络治理的必要性及在中国现行行政体制下实施多中心网络化治理的迫切性。

第四，针对中国城市群总体区域发展现状，深入分析长株潭城市群区域发展现状（生态保护、基础设施建设、产业发展等方面），总结在区域治理层面存在的主要体制问题。根据案例研究所获得的区域治理（多中心网络化治理模式）经验及长株潭城市群传统区域管理机制的主要矛盾，构建适合长株潭城市群发展、具有实施价值的多中心网络化治理框架与优化对策。

二、研究意义

第一，厘清多中心城市群与多中心网络治理的内在逻辑，结合中国国情提出实施多中心网络化治理的必要性。本书从多中心城市群基本特征出发，总结归纳多中心城市群的发展特征并针对多中心城市群发展的全球背景及区域发展趋势等方面提出实施多中心网络治理的必要性与重要性，厘清多中心城市群与多中心网络治理的内在逻辑。结合中国国情，尤其是现行行政管理体制，总结出当前行政管理制度之下实施多中心网络治理的可能性，这是本书的理论基础与研究的立论依据。

第二，归纳分析国外城市群或都市区区域治理模式，提炼出适合中国多中心城市群治理的经验与模式。城市群是城市发展到成熟阶段的高级空间组织形式，是大都市区的空间联合体，一般具有多中心、多层次的结构体系特征。部门利益协调与跨区域统筹是城市群一体化发展和区域治理过程中所面临的棘手问题。本书以多中心城市群及大都市区为着眼点，重点剖析了国外区域治理相对成功的城市群或大都市区，具体包括法国巴黎大都市区、德国莱茵—鲁尔区、荷兰兰斯塔德地区及加拿大大多伦多地区。通过分析区域治理的主体、责任分工和运行机制，归纳出多中心城市群及大都市区区域治理的有效实践经验与相关问题，为中国多中心城市群发展提供可借鉴模式。

第三，构建长株潭城市群多中心网络治理框架并提出改进对策。本书在对长株潭城市群的市政基础设施、道路基础设施、生态环境保护等方面的协同发展现状进行深入分析的基础上，总结其区域一体化发展中由行政区经济产生的主要矛盾。同时根据国外多中心城市群或都市区的区域治理模式，在多中心治理理论基础上对长株潭城市群传统区域管理的机制进行归纳总结及概述其存在的主要问题，并建构实现多中心治理的发展策略，旨在突破当前城市群发展的管理瓶颈，推动城市群的内部整合及城市群的外部分工合作，促进城市群良性发展。该项工作同时可以为中部地区以"两型社会"建设为目标的区域提供区域治理的参考范本。

第三节　研究对象与范围

本书的研究对象是长株潭城市群。长株潭城市群地处中国中南部，位于湖南省中东部，以长沙、株洲、湘潭三市所辖行政区域为主体，土地面积达2.8万平方公里。2006年底，湖南省将长株潭城市群划定为

"3+5"城市群,地域扩展至周边的益阳、常德、岳阳、娄底及衡阳五市。从地理空间上看,长株潭城市群形成由长沙、株洲及湘潭三市组成的核心区,以及由益阳、常德、岳阳、娄底及衡阳五市组成的外围区。核心区与外围区共同组成了长株潭城市群区域,也即本书研究的空间范围。

长株潭城市群周边的张家界市、怀化市、湘西土家族苗族自治州、邵阳市、永州市及郴州市组成环长株潭地区(区域规划中命名为东部城镇密集区),该区域虽然不是本书的研究范围,但是涉及重大区域发展问题,尤其是跨区域环境管理问题,该区域对长株潭城市群区域发展具有重大影响(见表1-2)。

表1-2 本书研究范围示意

序号	名称	行政范围	区域类别
1	核心区	长沙市、株洲市、湘潭市	研究范围
2	外围区	益阳市、岳阳市、娄底市、常德市、衡阳市	
3	东部城镇密集区	张家界市、怀化市、湘西土家族苗族自治州、邵阳市、永州市、郴州市	影响区

在新型城镇化发展背景下,长株潭城市群一体化发展在传统产业协同的基础上,对福利共进、区域互利、生态保护等议题提出区域协调发展的新要求。自1997年以来,长株潭城市群在经济一体化过程中,经济社会竞争力持续提升,并逐步从粗放型经济增长模式向集约型可持续发展模式转型(张旺等,2019)。

经济发展水平上,湖南省2019年地区生产总值为39752.1亿元,其中长株潭三市的地区生产总值占比超过四成,达到16835.0亿元。其中,长沙的地区生产总值为11574.3亿元,株洲的地区生产总值达3003.1亿元,湘潭的地区生产总值是2257.6亿元[1]。比较而言,长沙2019年的地区生产总值超株洲与湘潭的两倍之和,长株潭三市之间过大的经济社会发展落差导致长沙"一城独大",无法凸显城市群的区域协同发展优势,区域城市间呈现发展不协调。

---

[1] 湖南省统计局. 2019年湖南省国民经济和社会发展统计公报[EB/OL].(2020-03-20). http://district.ce.cn/newarea/roll/202003/20/t20200320_34532183.shtml.

空间规划体系上，根据1993年12月通过鉴定的《长株潭区域开发总体规划（1991—2010）》，长株潭城市群力争通过10～20年实现三大转变：由三市分割向城市综合体转变、由传统工业向高新技术产业转变、由计划经济向社会主义市场经济体系转变。《长株潭城市群区域规划（2008—2020）》（2014年调整）中突出了长株潭城市群作为全国"两型社会"建设示范区的战略定位，大力推进综合配套改革方案实施以建设"两型社会"的基础平台，加快产业"两型化"，推进新型工业化，合理利用长株潭三市结合部的空间开放式绿心、湘江生态带等生态区域，打造人与自然和谐共处的人居环境。2019年11月，长株潭城市群一体化发展第二届联席会议签署了《长株潭城市群一体化发展行动计划（2019—2020年）》，要求与国土空间规划相衔接，进一步加强长株潭三市联动，做到信息共享，通过合理布局、错位发展、优势互补的产业发展策略，建立三市开放的创新共享平台。同时，长株潭三市签署了《长株潭城市群一体化发展工作调度办法》以巩固体制机制建设成果。历经20余年，长株潭城市群已建立了从城市总体规划到城市群区域规划的完整的多层次的空间规划体系。但是，由于区域内各城市资源禀赋和发展模式差异显著以及行政区经济带来的地方恶性竞争，区域空间规划缺乏行政约束力与强制力，区域协同发展难以落实。

生态环境保护上，根据《2019年湖南省生态环境状况公报》，长株潭三市的城市环境空气质量综合指数在全省14个市（州）中分别排名第十一、第十三、第十四[①]。长株潭城市群是华中地区最大的工业聚集区之一，三市的工矿区、城郊区、污灌区的240万亩耕地中，有170万亩重金属污染超标，分别占长株潭三市耕地总面积和湖南省耕地总面积的18.95%与2.74%（肖建华，袁野，2019）。虽然2007年国务院正式批准确定了长株潭城市群为"两型社会"建设示范区，但能源短缺造成的重工业比重过大、高密度的城镇建设和人口流动等对城市群的生态环境依旧

[①] 湖南省生态环境厅. 2019年湖南省生态环境状况公报[EB/OL].(2020-06-01). http://sthjt.hunan.gov.cn/sthjt/xxgk/zdly/hjjc/hjzl/hjzlgb/202006/t20200601_12248856.html.

造成了严重破坏（江可馨，2011）。以上问题极大地制约了长株潭城市群潜在的规模效应的发挥，与发展阶段较为成熟的长三角城市群和珠三角城市群相比，长株潭城市群整体竞争优势难以得到发挥。因此，研究长株潭城市群如何在当前情况下克服自身发展不足、优化区域协调发展机制、探索城市群一体化纵深发展具有重要价值。

第四节　研究方法

一、案例研究法

为系统全面地分析目前国外较为成熟和成功的区域治理模式，本书采用案例研究法，对法国巴黎大都市区、德国莱茵—鲁尔区、荷兰兰斯塔德地区及加拿大大多伦多地区区域治理的发展背景、治理主体与分工以及治理模式进行全面和深入的分析与归纳，从而得出四种不同类型的区域治理模式。此外，本书将国外相关的治理经验与教训引入长株潭城市群进行本土化研究，对长株潭城市群传统区域管理机制的现状进行剖析，借此提出构建多中心治理机制的政策建议。

二、文本分析法

本书根据研究目的，采用文本分析法对相关城市群发展案例展开研究。具体工作包括两方面：一方面，通过对期刊论文、报纸、著作、专题研究报告及政府文件等文献资料的深入分析与归纳，总结现阶段国外区域（城市群或都市区）治理的典型模式及宝贵经验，特别是立足于"绿心"保护的荷兰兰斯塔德地区区域协同治理的经验，为中国多中心城市群区域管理机制优化提供理论基础和实践认知。

另一方面，在对长株潭城市群区域治理现状及主要问题的梳理中，本书系统分析了相关政府文件、区域规划及专题研究报告等相关文本。通过文本分析，研究识别目前在长株潭城市群绿心保护及"两型"产业发展两大核心议题上存在的主要问题，即区域治理不协同问题，以及区域治理中各决策主体的主要职责与协同角色。以上文本材料的分析为长株潭城市群多中心治理方案的提出提供了重要依据。

三、深度访谈法

本书采用深度访谈法系统探索长株潭城市群区域治理的现状，尤其是生态空间的绿心保护与"两型"产业园区发展的问题。具体来说，我们分别在2013年4月至2013年6月以及2013年10月至2013年11月进行了深度访谈，共访谈了八名长株潭城市群的地方行政管理官员、五名参与长株潭城市群区域规划编制的城市规划师，以及五名了解长株潭城市群发展的专家学者。在访谈过程中，采用滚雪球的思路不断拓展和加深对长株潭城市群区域发展的认识，相关地方官员、城市规划师及专家学者的观点与论断将作为本书的实证材料。

第五节　主要内容与结构

本书以长株潭城市群区域管理机制为研究对象，旨在借鉴多中心治理理论优化长株潭城市群的区域治理模式。本书主要包括七章。

第一章为绪论，重点介绍本书的研究背景、研究目的与意义、研究对象的基本情况、研究方法及研究的技术路线与创新点。

第二章是本书的理论基础部分，重点介绍了本书得以展开的三个理论基础，即协同理论、区域治理理论及府际关系理论，并在区域治理理论中重点阐述在多中心城市群范围内研究区域协同治理的必要性。需要指出的是，针对多中心网络化治理模式及中国行政体制，现阶段在中国尚未真正形成所谓的"治理"概念，实现由传统的"管理"向"治理"的转变尚需时日，所以本书将当前中国的"区域治理"定义为"区域管理"。同时，该章重点阐释几个重要的理论概念，包括多中心城市群、区域协同、区域治理、多中心治理与区域管理。此外，这一章系统回顾了当前国内外区域治理的研究成果与进展，以指出本书的理论价值。

第三章为本书的案例研究。该章重点分析了四个国外区域治理的代表性案例，包括法国巴黎大都市区、德国莱茵—鲁尔区、荷兰兰斯塔德地区及加拿大大多伦多地区。通过梳理四个案例中区域治理的主体及其分工，总结与对比国外城市群或都市区区域治理模式与经验。

第四章重点陈述长株潭城市群区域发展现状。该章系统回顾了中国区域发展的历史成就与主要问题，分析了长株潭城市群的空间结构现状、区域协同模式及区域规划体系的基本情况。同时，介绍了长株潭城市群建设的两大核心议题，即生态空间绿心保护与"两型社会"示范区建设。着重介绍了这两大议题的现状与区域治理方面的主要矛盾。

第五章重点剖析了长株潭城市群区域管理机制。一方面，从目前的机构设置与职能分工出发解释了城市群一般性的管理结构；另一方面，重点分析生态空间绿心保护与"两型社会"示范区建设中的区域管理机制特征及存在的主要问题。

第六章重点构建了长株潭多中心治理模式并针对该模式提出改进策略。具体来说，通过梳理治理理论与国际案例的经验，构建出长株潭城市群多中心治理模式。在此模式的基础上，从区域管理主体、区域规划、区域组织机构及城市区域协调会议制度四个层面提出改进策略。

第七章为本书的结论。总结本书的基本结论、研究的不足之处，提出未来研究的方向。

本书相较于已有的城市与区域治理研究成果，具有三个重要创新点。

首先，本书从理论与实证角度，探讨多中心城市群进行多中心网络治理的必要性，并基于中国城市群的建设现状、经济全球化的时代背景、中国行政管理体制及区域治理议题的发展趋势等方面，阐释了多中心城市群与多中心网络治理之间的相关性。

其次，本书系统性地分析总结了国外多中心城市群及大都市区区域治理的发展模式与成功经验，概括为形成多部门、多主体共同参与的多中心网络化区域治理模式。进而将网络化区域治理的模式引入长株潭城市群区域管理机制中。

最后，本书建构出符合中国中部地区多中心城市群发展情况的多中心网络化治理模式，以多中心治理为指导思想，对长株潭城市群传统区域管理机制提出优化策略。以上尝试在当前学术界鲜有涉及，具有重要的理论与实证价值。

本书研究技术路线如图1-1所示。

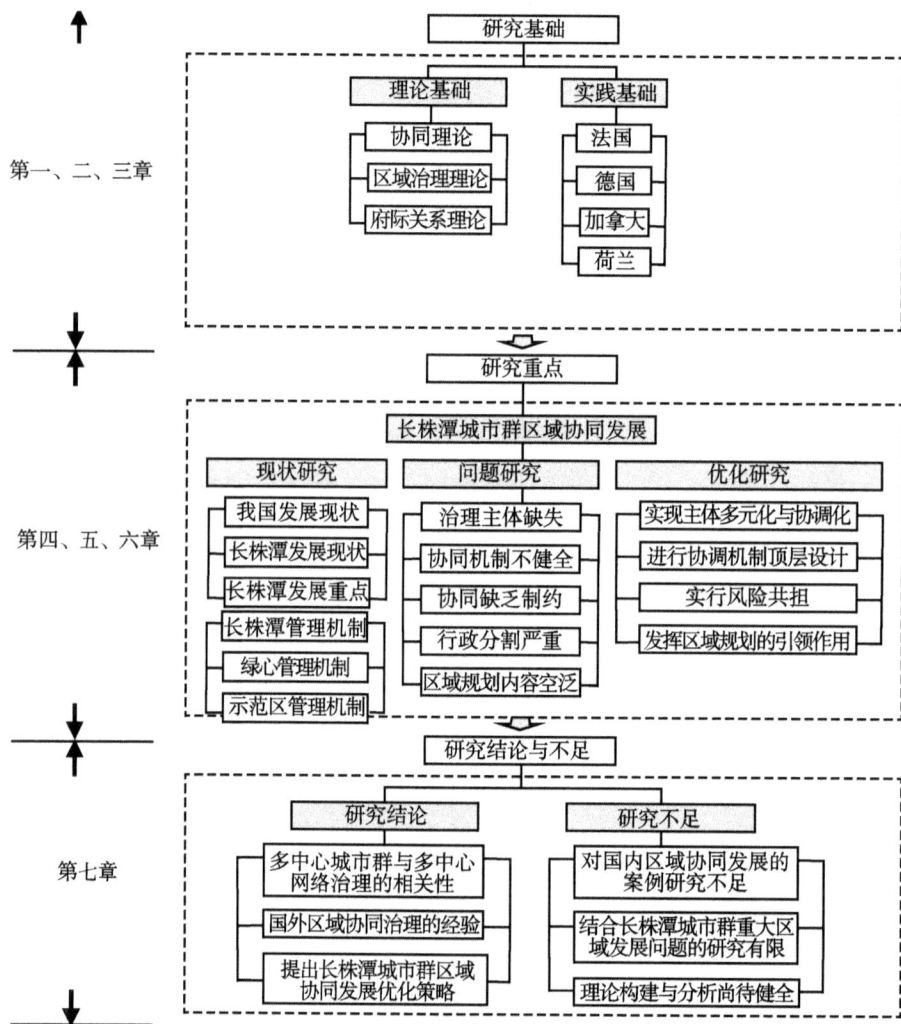

图1-1　本书研究技术路线

第二章　理论基础、概念界定与研究现状

第一节　理论基础

一、协同理论

协同理论最早来源于德国斯图加特大学著名物理学家哈肯（Haken）教授于1971年提出的"协同"理念。1976年哈肯所著的《协同学导论》一书的出版标志着协同理论的建立，其后被广泛应用到自然科学之中；1988年出版的《高等协同学》推动协同理论成为完整的学科体系，并且在各学科中被广泛应用（阎欣等，2013）。协同理论作为一门过程理论，研究系统从混沌无序的状态向稳定运行的结构转变的过程，核心是探索当系统远离稳定状态时，系统如何通过内部子系统的协同作用，产生时间、空间和功能的有序结构（何明俊，2013）。

协同学包括三个基本概念：①序参量，作为关键性因素影响系统的稳定与变化状态，描述了宏观上系统的有序程度及模式。序参量主要具有三个特征：作为宏观参量，重点描述系统的行为特征；是微观子系统集体运动的产物、合作效应的表征和度量；支配子系统行为，决定系统演化过程。②控制变量，即非影响系统有序运行的关键因素，对序参量的协同竞争有导向作用。③自组织系统，指自行演化或改进其组织行为结构的一类系统，在不接受外部系统干预的同时，也不受内部指令的干预，带领系统成为稳定有序、较复杂的系统（何明俊，2013）。

协同过程主要表现为三种机制：①协同效应，指在一个开放系统中，不同子系统之间因相互作用而产生的整体效应或者集体效应。通俗解释

就是两种组成部分组织和调配，最终产生的实际效果好于各部分单独发挥功效所产生的效果。②伺服效应，指序参量支配子系统的行为，并且快参量服从慢参量。③自组织效应，指系统内部在时间和空间内自生或者是自动形成一定的有序结构及功能（何明俊，2013）。基于协同学这一理论基础，为了实现开放系统的有机组织和良好运行，需要充分发挥系统中的协同效应、伺服效应及自组织效应。系统协同学应用到社会科学领域尤其是地理学及城市研究领域，便产生了区域协同、城市协同等概念。

区域协同理论将区域看作巨大的、开放的耗散系统，系统内部地域空间庞大，导致组成该系统的子系统又各自形成庞大系统。目前区域发展作为常态，存在对区域治理的现实必要性。而在跨区域的治理中，特别是在多中心城市群的区域治理中，多中心引发了区域多元化，协同治理就成为区域治理发展的必然趋势。特别是在重大事件驱动下引发的跨区域的治理（如跨界流域治理、基础设施建设及产业园区建设等），更需要实现区域协同。

实现区域协同，最基本的环节需要由序参量来推动。单一部分的合作会形成基础的序参量，而序参量的优化进一步支配各系统的行动。在区域协同治理过程中，政府间的共识与合作构成了区域协同最基本的序参量。但是，由于行政区利益的差异性，区域决策过程更加复杂，达成协调统一的难度不断加大。本书即讨论在多中心城市群中，如何优化区域协调的序参量，充分发挥协同效应、伺服效应及自组织效应，实现区域发展的多中心协同治理。

二、区域治理理论

（一）区域治理理论的缘起与发展

区域治理思想发源于"治理"（governance）研究，巴黎政治大学教授盖勒认为，存在三种典型的治理模式，即政府规制、市场规制及合作/互惠规制（Galès，1998）。继而，治理理论逐渐被划分为科层模式、市场模式及网络模式。根据治理理论，大都市区以及城市群区域治理也相应分为集权化的科层模式、分权化的市场模式及组织间的网络模式。同时，治理模式因大都市区及城市群发展阶段而变化与调整（洪世健，张京祥，2009）。

集权化的科层模式提出于20世纪30年代。学者受传统区域主义影响，强调一个固定的区域应该有专门的政府进行管理。所谓科层制，布劳和梅耶（2001）总结其具有六个基本特征：①按照法律、法规，组织内部的个人、单位等都有属于自己的固定不变的工作范围及权限；②借助科层制的权力体系，形成上级对下级的强有力监督；③可以组织专业人员，奉公守法，秉公办事；④现代化管理路径以书面化形式得以实施；⑤职员有固定的工作时间；⑥职员由上级任命，对组织有极大的依附性。科层制强调的是官僚模式，通过上下级关系的纵向模式将所有单位联系起来。科层制投影在区域治理问题上，主要表现为建立权威的大都市区（城市群）政府。通过建立大都市区内的规范性与权威性政府可以有效地避免治理碎片化及机构设置重叠等问题（王旭，2006）。

分权化的市场模式认为，区域治理的主要责任体是市场，强调要建立完全自由的市场治理模式，由此希望借助地方政府之间的相互竞争实现短期目标最大化（吴瑞坚，2014）。市场模式的区域治理体现了分权化思维，实现了公共权力在多元主体之间的共享，强调平行的互动与制约。蒂伯特（Tiebout）的地方政府竞争模型认为，地方政府是可以通过竞争提供有效的公共服务设施供给的。该理论反对建立统一的集权制的区域政府，强调需要将区域治理事务进行分散，以地方政府为单元，通过地方政府之间的区域竞争，实现居民利益的保障与优化。其中，政府主体不再是有主导地位的支配者，但基于治理的公共管理，政府管理在区域治理中仍然发挥着重要的作用。而非政府组织和市场作为一个重要的主体，其参与和治理能力直接决定了区域治理的水平和性能。

组织间的网络模式强调的是组织间的多元合作伙伴关系。组织间网络指不同组织之间由于在区域治理上的长期合作与分工，形成的相互依赖的较为稳定的合作模式。组织间的合作网络强调的是协同理论中自组织效应的发挥，其建立在新区域主义学说思想之上，认为实现区域治理的力量应该是多元的，基本上应该包括中央政府、区域政府、地方政府、市场主体（企业与行业联合会）、地方公民、非政府组织等（张衔春等，2019）。而这些参与者之间应该形成良好的地方关系，并且构成纷繁复杂的社会治理网络。组织间的网络治理模式代表着区域治理的新方向。

实现区域协同发展是区域治理的首要目标。对比三种典型的区域治理模式可以发现，三种模式分别对应着城市群或大都市区发展的不同阶段，集权化的科层模式对应都市圈发展早期的节点模式，分权化的市场模式对应都市圈发展中期的地方多节点系统，组织间的网络模式对应区域多节点网络阶段。同时，不同的治理模式体现了集权分权及市场化程度的极大差异，其所协调的关系与区域协同的效果与复杂程度也大不相同（见表2-1）。

表2-1 不同区域治理模式的基本内容对比

区域治理模式	集权化的科层模式	分权化的市场模式	组织间的网络模式
理论基础	区域主义理论	公共选择理论	新区域主义理论
模式特征	控制、标准化、责任	竞争、多中心	自组织、互动、公共参与
基本主张	建立统一的大都市政府	分权，地方政府相互竞争	建立多元参与合作基本模式
协调关系	集权政府与地方政府	各个地方政府之间	不同参与主体之间
协调复杂度	简单	复杂	复杂
区域协调效果	较差	较差	较好
集权程度	高	低	中
规范基础	雇佣关系	协议和财产权	资源交换
治理文化	服从	竞争	互惠

（二）多中心城市群与多中心（网络）治理相关性

组织间的网络治理模式又称多中心（网络）治理模式，以实现区域治理的协同化为目标。多中心（网络）治理因此成为现代区域治理的主流趋势。根据罗震东的研究，多中心（网络）治理模式具备四个基本特征：①在地方社会生活中，存在民间的自治及管理自主化，不同的力量可以作为独立的决策主体参与到区域治理中，并且灵活组合，弹性化、多样化地解决公共问题;②强烈要求实现公共参与及社群自治,公共参与成为重要的发展策略;③各决策主体之间的利益也是多元化的,多元利益通过磋商、谈判等可以实现平衡与利益整合;④公共物品与公共服务的供给通过多种制度配置而实现(罗震东,2006)。多中心(网络)治理模式通过多元利益谈判、磋商、建立合作关系实现区域协同发展。多中心城市群因其自身的发展特征、经济全球化的时代背景、中国地方行政传统、区域治理议题的演变等诸多因素导致亟须建立目标导向性的多中心(网络)治理模式。本节从理论层面及社会发展与实践层面来分析为何需要在多中心城市群建立多中心(网络)治理模式。

1. 多中心性引发利益冲突与合作的需求

多中心城市群的多中心性在区域治理层面具有三个重要特征:一是在一定的区域内缺少绝对的区域增长中心,整个城市群增长极不突出;二是多个城市发展实力相当,在整个区域内规模均衡,互补性强;三是核心城市的分散化导致资源重叠,投资分散,地区冲突与竞争加剧。

首先,由于缺乏地区绝对的增长极,多中心城市群难以形成类似于单中心城市群中在区域经济、制度及社会发展中对城市群中的其他城市起引导作用的极核城市,因此,在区域治理层面,各城市在区域事务中的自主性大为提高。以武汉都市圈为例,作为单中心城市群,整个区域形成了五种产业发展模式:总部在武汉、基地在周边的"总部模式";研发在武汉、产业基地在周边的"孵化模式";营销在武汉、产品在周边的"店厂模式";注册在武汉、生产在周边的"分家模式";生产主体在武汉、辅助产品在周边的"产业链模式"。从现状来看,形成了武汉与周边城市的两部分发展区。各周边城市在区域治理与区域发展上基本形成与武汉市发展相配套的产业模式,其他城市间合作治理的需求总体远小于多中心城市群。

其次,多中心城市群的城市规模均衡化导致在产业发展上存在区域互补的可能。经济规模庞大、经济水平突出的核心城市往往产业门类齐全,社会公共基础设施发达,区域生态自我修复能力较强。多中心城市群则由于整体经济水平较弱，难以形成门类齐全的产业体系。同时，由于经济增长传统，无意识地会形成具有互补性的产业合作，因此，对跨区域的协同治理与协同发展，例如在基础设施共建、跨市产业合作、跨区域能源调配等问题上具有天然诉求。

最后，多中心城市群由于区域内存在多个经济水平相当、实力相近的城市，因此在投资吸引力上，并不具备较强的吸引资本的区域中心，导致区域发展中投资分散、跨区域无序竞争、抢占投资市场的情况时有发生，在区域治理过程中形成了分头治理、各自为政的现象，导致发展资源的极大浪费及生态环境跨区域污染与资源的过度消耗，严重削弱了城市群整体竞争力。

2.经济全球化引发区域产业联系与合作的纵深化

20世纪70年代之前，全球企业生产组织以福特制为主要形式。然而，随着电子科技的发展，生产环节被大量分拆。同时，生产技术倾向于专门化与标准化，在实际过程中大量半熟练工人与不熟练工人可以参与生产环节。福特制逐步被一系列相关联的专业化企业组成的水平分工企业网络所取代（楚天骄，2010）。产业组织的自由化模式推动了经济全球化，形成跨国公司在全球层面的生产布局。与此同时，在区域层面的产业布局中呈现出了明显的产业链分工倾向。地方化的本土企业在规模提升后，也开始进行企业生产链不同环节的重构。以健力宝公司为例，其最初在广东省三水市（今佛山市三水区）发展，1997年则将企业总部迁往广州；浙江吉利集团将总部迁往杭州，总人数达到200余人。本土企业的产业链分离进一步强化了跨国公司生产网络的重构，在区域层面要求实现区域合作与联合的产业互补，产业的互补性成为区域联合治理的基础推动力。

3.现行行政区体制成为区域发展与治理的阻碍因素

现行行政区体制主要通过两方面对多中心（网络）治理产生阻碍：一方面是行政区分割的基本现状；另一方面是"政府本位"的绩效评估体制（金太军，2011）。受历史背景及体制因素影响，中国地方行政区的政治功能、经济功能及文化功能非常突出。在官员绩效考核、土地财政及行政区划体制等一系列制度要素的作用下，各行政区以地方利益为核心驱动力。在地方政府强有力的引导或介入之下，在生产领域及非生产领域常常产生项目盲目建设、重复布局，抑或是涉及跨区域的公益性项目或者重大基础服务设施布局（如垃圾焚烧厂、核电站、化工厂、污水处理厂等）难以落地布局的情况。以长株潭城市群为例，行政区分割造成分市分头投资建设的基本体制，导致大量基础设施项目难以落地。例如绿心地区早期建设规划的"南横线""昭云大道"等重大交通设施。南横线柏加段9公里、暮云段均已建设完毕，但是中间约13公里跳马段的建设难以实施。其主要原因就是该线路不同路段涉及拆迁问题、禁建区设置问题，分属不同市县管理，实施起来难以同步落实，区域协同不足导致项目落地完工困难。在跨区域的大型项目中，例如沿江联动开发等，各地方政府都有强烈的"搭便车"倾向，都力图逃避承担开发成本，导致区域重大基础设施项目难以实施。

长期的自上而下、以辖区生产总值为导向的评估机制导致官员在晋升问题上产生横向对比求业绩的情况。在区域治理中，城市管理者通过绩效竞争寻得升迁，不主张通过市场化的合作方式实现地区利益最大化。产业同构、地方保护主义时有发生，区域协同发展成为现实难题。

4.城市发展议题呈现跨区域化

区域作为复杂的耗散系统，一方面，与外部进行能量物质流的交换；另一方面，内部各组成要素之间也会产生流的作用。而城市群内部组成要素间产生作用的驱动力可能来自产业发展、地理关系、生态文化等多方面。由此，城市发展也不再局限于单个行政单元，而是走向跨辖区的区域发展，寻求区域的协同治理。以长株潭城市群为例，由于地理因素，该区域形成了跨辖区的湘江治理及绿心保护等核心区域治理议题。同时，在产业发展上为了在城市群层面践行"两型社会"发展战略，不可避免地需要打破传统的行政界限，实现跨区域的合作治理。进一步来说，跨区域的治理问题通常内容复杂，也并非单个城市凭借自身经济实力可以解决，需要在区域内寻求多方合作，共同治理，累积智力资源，协同发展。在当前区域治理问题跨区域化的趋势下，国内也形成了众多跨区域的协同治理模式。例如长三角地区政府主导的区域协作"全方位"模式、京津冀地区区域协作的"开放式"模式、川渝政府—商会推动的区域协作"示范化"模式，以及黄河金三角地区突破行政区划的"抱团化"模式（王东强等，2013）。

通过以上四点分析，多中心城市群有构建区域协同治理的现实必要性，即在城市群层面建立多中心（网络）治理模式。一方面，要实现治理主体的多元化，治理主体不仅包括政府，也要涵盖非正式组织、公众、市场主体；另一方面，治理的方式应该是法治①，而并非行政命令。在中国区域发展中，"一个地方，一级政府"的传统行政体制模式仍占据主导，市场与社会主体在区域公共事务中参与不足，保障公共参与的法律法规框架尚不健全。因而，在实践中较多以行政命令代替多元参与的共同决策。因此，笔者在长株潭城市群的实证研究中，不再使用"区域治理"一词，而是结合长株潭城市群发展的具体情况，使用"传统区域管理"这一表述。一则突出目前区域管理仍然以行政命令主导的管理模式为主。同时，在学术研究上保持严谨性，区域协同发展也是区域治理的重要目标。考虑到现阶段学者研究广泛使用"区域治理"一词，本书在理论部分继续使用"区域治理"一词，并通过研究各国区域治理模式，对长株潭城市群建立多中心（网络）治理机制提出改进策略。

三、府际关系理论

20世纪90年代，基于当时央地政府间的关系重构及地方政府间合作趋势的加强，府际关系理论由此产生。府际关系理论主要研究不同层级政府或同一层级政府不同部门之间的关系。宏观上看，府际关系既包括中央政府与地方政府及地方政府内部不同级别政府之间的关系（纵向府

---

① 施红.现代国家治理：新历史阶段的指导理念[EB/OL].(2014-03-17).http://theory.people.com.cn/n/2014/0317/c40531-24651242.html.

际关系），也包括同一层级中不同地方政府之间的关系（横向府际关系）。有时候，研究中把中央政府与地方政府下属部门之间的关系称为斜向府际关系（卢帅兵，2009）。

对府际关系的管理有助于实现大区域的治理模式优化，协调并管理政府之间的关系，直接以问题为导向，通过协商、谈判、跨区域合作等手段实现复杂地区的区域治理，打破层级限制，实现新的网络化行政体系（汪伟全，2005）。在多中心治理过程中，地方政府作为"理性经济人"，主要追求地方利益的最大化。

总体来看，建立良好的府际合作机制有助于实现发展"双赢"或"多赢"。区域政府的良好合作机制需要建立在中央政府有效的政策动员之下，建立在对于区域内整体利益的共识基础上，通过良好的组织及制度去推动区域治理的运行，实现区域整体利益的最大化。合作机制具体包括目标机制、主体机制、运行机制及制度保障机制等四方面（尚天晓，2006）。

本书以府际关系理论为研究的重要理论基础，探讨在长株潭城市群的传统区域管理机制问题上，各级政府的组织关系现状，尤其是在生态空间维护这一议题中，无隶属关系的政府之间在区域协调组织介入的情况下，如何构建与地方政府分工合作的区域发展关系，并且如何协调现阶段政府机构部门职能重叠等问题。

第二节　概念界定

一、多中心城市群

多中心城市群目前在学术界尚未形成统一的定义，但是多中心作为学界的流行词，近些年为大量地理学者及城市规划学者所使用（徐江，2008；史雅娟，2013；赵维良，王呈慧，2014）。根据多中心城市群的功能特征，多中心城市群可以被定义为由多个功能互补、规模相似的城市组成，区域内城市联系密切，并向网络型城市群发展的特定阶段的城市群（赵维良，王呈慧，2014）。城市群按照功能空间结构特征，可分为六种空间形态，包括圈层式、极核式、双核式、多中心式、走廊轴线式、网络式（见表2-2）。多中心城市群具有以下特征：①城市群内城市规模相差不大，城市多元性、互补性强；②城市群生产力偏重区域化，城市经济发展较为均衡，有向网络化发展的趋势；③核心城市有多个，导致资源重叠严重，投资分散，难达最优（史雅娟，2013）。因此，多中心（网络）治理具有现实迫切性。

表2-2　六种不同空间形态城市群的定义、特征、代表城市群（圈）及图示

名称	定义	特征	代表城市群（圈）	图示
圈层式城市群	城市群空间形态存在以中心城市为核心、各级城市围绕中心城市呈现具有规律性的圈层分布特征的城市群	1.圈层特征表现为各级城市与中心城市的空间联系与经济联系	日本东海岸城市群	
圈层式城市群		2.中心城市为主要增长极，外部城市通过交通廊道联系		
圈层式城市群		3.城市群圈层的经济联系度呈现梯度递减趋势		
极核式城市群	以一个超级城市群为核心发展起来的城市群体	1.极核城市极化作用明显，是区域经济、文化、交通等方面的核心城市	美国五大湖城市群 中国长江三角洲城市群；武汉"1+8"城市圈	
极核式城市群		2.极核式城市群分工明确，极核城市首位度高		
极核式城市群		3.极核城市群城市化水平会随极核城市提高而提高，并可能出现城市郊区化现象		
双核式城市群	发展规模和发展水平相似或相同的两个城市共同构成城市群区域的中心城市，彼此依存又相互制约	1.两个核心城市在经济规模、区域影响力等方面起到相似作用，始终起到双核心作用	中国辽中南城市群；山东半岛城市群；珠江三角洲城市群；成渝城市群	
双核式城市群		2.两中心城市存属关系不明，两城市相互依靠、相互竞争，对区域拉动明显		

名称	定义	特征	代表城市群（圈）	图示
多中心式城市群	城市群发展的核心由几个（大于两个）中心城市共同组成的城市群体区域	1.城市群城市规模相差不大，城市多元性强、互补性强	中国长株潭城市群 荷兰兰斯塔德城市群	
		2.城市群生产力偏重区域化，城市经济发展较为均衡，有向网络化发展的趋势		
		3.有多个核心城市，导致资源重叠严重，投资分散，难达最优		
走廊轴线式城市群	城市群布局沿着交通走廊或者经济轴线展开，交通走廊可以是铁路、河流或者公路 城市群区域中的各个城市采用网络化的布局和发展模式进行的城市群，是城市群发展水平处于高阶段、相对成熟时所采用的模式	1.城市布局在主要交通轴线或附近，有助于获得良好的区位条件	中国山东半岛城市群；中原城市群	
		2.城市可以利用交通轴线上的信息流、物质流提高自身经济实力与区域地位		
		3.交通联系强，有助于提升整体联系度		
网络式城市群	城市群区域中的各个城市网络化布局和发展的城市群，是城市群发展水平处于高阶段、相对成熟时所采用的模式	1.不仅最大限度避免中心城市膨胀带来的城市病，而且有助于区域一体化	欧洲中部城市群 中国长江三角洲城市群（有此趋势）	
		2.多极发展，不同等级的城市在城市群中网络化布局		
		3.资源流动迅速、频繁，整个区域纳入市场中，是简洁高效的组织形式		

资料来源：王俊朝.中部三大城市群结构形态比较研究[D].长沙：湖南大学，2011.

二、区域协同

区域协同又称区域协调，最早源于区域经济学相关理论，并且与区域从低水平均衡发展到区域不均衡发展再到区域协同发展的演变趋势密切相关。而中国区域协调发展战略的提出可以追溯到1994年出版的由国务院发展研究中心课题组编写的《中国区域协调发展战略》一书。但是，发展至今区域协同尚未获得公认的、国际统一的学术定义。

目前，学者对区域协同的定义有狭义与广义之分。狭义的区域协同侧重于区域经济的协调发展及区域内部各要素的协调统一。有研究组织将GNP增长作为定义区域协调的重要指标，认为"各地区人均实际GNP在一定的时间序列上有所增加"即为区域协调（区域税收政策课题组，1998）。同时，有学者以省际发展为切入点，认为区域协调是经济后发省份在经济发展上赶超发达省份，在经济层面实现发展趋同（徐现祥，舒元，2005）。同时有学者认为，区域协调实质是系统内部各要素协调发展，是表现系统良性运行的理论术语（隋映辉，1990），这类狭义的定义主要产生于理论研究早期。近些年，区域协同强调的是区域系统内部经济、文化、社会、环境等要素的协调发展（夏德孝，张道宏，2008）。有学者将区域协同的内涵解读为一个前提、四个特征、一个目标。一个前提是区域相互联系的客观存在；四个特征分别是经济联系日趋紧密、区域分工更加合理、区域经济差距缩小并收敛、整体经济效率持续提高；一个目标是整体公平与效率的统筹兼顾（覃成林，姜文仙，2011）。

也有学者认为，区域协同是市场经济条件下，不同地区之间的良好合作，强调区域间的协调（戴颂华，2000）。在此定义基础上，孙海燕根据地区经济社会发展程度建构了区域协调发展模式，提出了初级阶段、中级阶段及高级阶段三种区域协同模式（孙海燕，2007）（见图2-1至图2-3）。本书认为，区域协同是区域内部的和谐统一与区域外部的共生。不仅包括区域内及区域间的经济发展的协调统一，还包括区域内部及区域间的产业、生态、基础设施建设等各部分的协调统一。

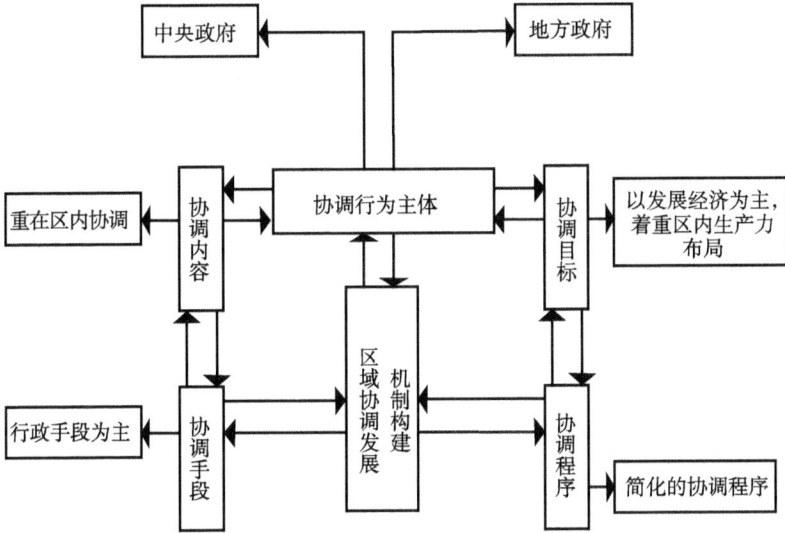

图2-1 初级阶段区域协调发展机制

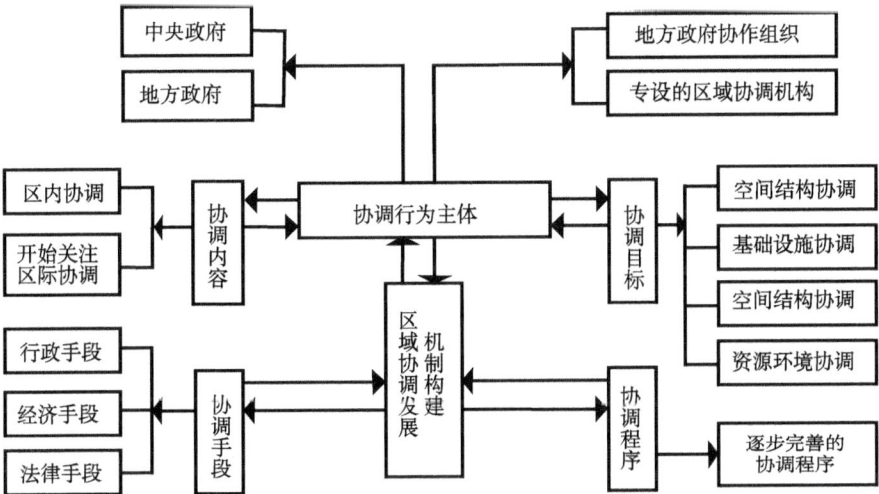

图2-2 中级阶段区域协调发展机制

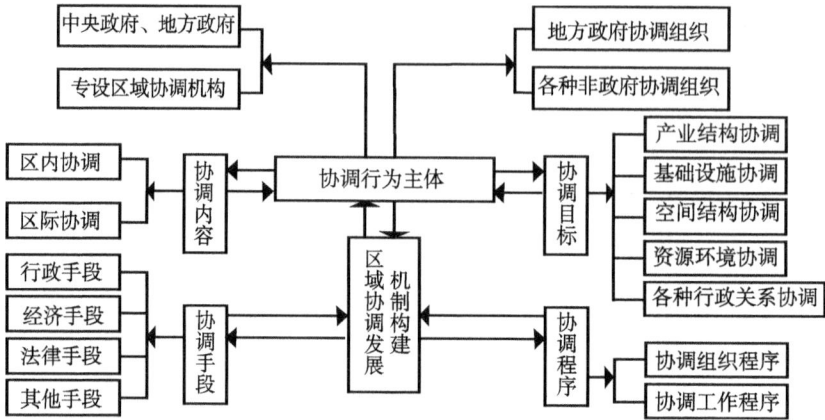

图2-3 高级阶段区域协调发展机制

三、区域治理[①]

"治理"一词扎根于西方政治经济制度，定义复杂多样。"治理"早期作为"统治"（government）的同义词出现（Stoker,1998），而后在多学科交叉研究中逐渐剥离，形成若干定义，包括最小政府、公司治理、新公共管理学、善治、社会控制治理和自组织网络治理等六个分支（Rhodes,1996）。根据新制度经济学家奥斯特罗姆的观点，广义"治理"包括：自上而下轻民主、重科层的单中心治理模式，完全自下而上、完全市场主导的市场治理模式，以及两者并存的混合治理模式。而狭义上的"治理"指代秩序、规则和社会统治方式的新变化，特指以摆脱传统封建的"单中心"治理及绝对市场化治理为目标，其间伴随着公私部门分界线逐渐模糊的过程。

区域治理可理解为"治理"在区域层面的应用。"区域"具有原始空间性、主动划分性和内部相似性（蔡之兵，张可云，2014），有学者指出，

---

① 该章节部分内容已发表在：张衔春，赵勇健，单卓然，等. 比较视野下的大都市区治理：概念辨析、理论演进与研究进展[J]. 经济地理，2015(7)：6-13；张衔春，单卓然，许顺才，等. 内涵·模式·价值：中西方城市治理研究回顾、对比与展望[J]. 城市发展研究，2016(2)：84-90，104.

区域治理的核心是多中心、参与式、合作型的公共管理治理模式（叶林，2012）；区域治理不仅是一种规则活动，更是持续互动的过程，是协调、多主体、双向运行的过程（马海龙，2007）。丹麦学者Matte（2004）以及国内学者陈瑞莲和杨爱平（2012）将区域治理定义为：在区域范围内，政府、非政府机构、公众等团体在保证自身主体性权威的前提下，通过某种手段、制度或机构在多元、协商、多利益协调的基础上，解决区域公共问题的过程或状态。

区域治理具备一定的层次性，有学者将其分为四个层面：①宏观区域指洲际之内由民族国家（nation-states）结合各国的规则形成的组织联合体（欧盟、北约、东盟等）；②次区域指较小范围的，被认可为一个单独经济区域的跨国界或跨境的多边经济合作（中华经济区、图们江区域）；③中观区域指一国内部的出口加工区、省际或城市群内部的经济合作（中国的长江三角洲地区、美国的田纳西河流域等）；④微观区域指更低层次的行政区之间的联合体（苏锡常都市圈与锡常泰都市圈等）（马海龙，2007）。本书中，区域治理是指城市群尺度的区域治理，主要探索在长株潭城市群的范围内，如何实现区域多中心（网络）治理。根据已有研究，中国城市群区域治理包括七种基本模式（见表2-3）。

表2-3　中国城市群区域治理模式一览

治理工具	治理手段	治理案例
非正式区域协调机制	通过建立非正式的区域联合组织，实现跨区域的治理合作，包括城市联盟、城市协调会等	珠中江区域紧密合作联席会议、长江三角洲城市经济协调会
上级政府编制规划	跨区域的区域规划及概念规划	《长株潭城市群区域规划（2008—2020）》《珠江三角洲地区改革发展规划纲要（2008—2020年）》
行政区划调整	撤县设区等	广州撤销番禺市和花都市，成立番禺区和花都区；北京撤销大兴县、怀柔县，设立大兴区、怀柔区
省际或跨市正式合作协议	签订省际合作协议或者跨市之间的合作协议	《泛珠三角区域地方税务合作协议》《长株潭区域合作框架协议》
设立城市发展新区	北京城市新区建设，疏解首都城市人口和非首都功能	《河北雄安新区规划纲要》《河北雄安新区总体规划（2018—2035年）》

续表

治理工具	治理手段	治理案例
区域资源共享	通过签署战略合作协议等方式实现区域资源共通共享	上海、苏州全面深化区域资源共享，青浦区与苏州签署《区域联动发展全面战略合作框架协议》
区域府际治理重组	破除原先区域桎梏，协同发展，成都、重庆多维度协调发展	《成渝城市群发展规划》

资料来源：尹来盛,冯邦彦.中美大都市区治理的比较研究[J].城市发展研究，2014(1)：102-107，121.

四、多中心治理

多中心治理也称组织间网络治理，即指在一定区域内，通过区域协调的方式，实现政府、非政府及社会组织对公共事务的自主治理（张紧跟，2003）（见图2-4）。本书将多中心治理视为一个复杂的治理系统，在该系统下研究区域决策主体（主体的范围、主体间的合作方式及主体间的分工）、跨区域政府合作的制度与其保障机制以及区域规划编制方面的问题。本书主要讨论多中心治理模式下，在长株潭城市群这一典型的多中心城市群中，如何优化改进传统的区域管理机制。

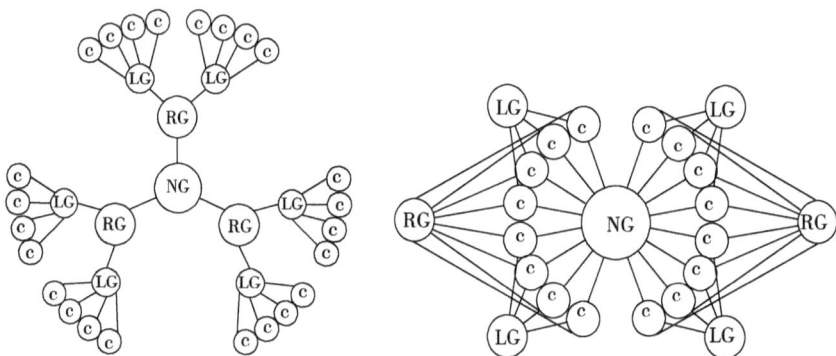

图2-4 "单中心"与"多中心"治理模式示意

五、区域管理

行政学、社会学及管理学界对"统治""管理""治理"三个词有着学理上的严格区分。社会学者将"统治"一词定义为"以外部强制力为基础，是一种控制方式，主要表现为秩序维护者以强制性手段使他人对秩序予以遵守"。"统治"一词主要适用于奴隶社会与封建社会，杨慧（2003）将"统治"的特征概括为：①行政权力来源于上；②行政方法单一；③行政职能丰富；④政治色彩浓。相比之下，"管理"一词是在现代社会中出现的，包括：①政治色彩淡薄；②行政权力来源于下；③行政组织制度化；④行政人员专业化；⑤行政范围由窄变宽；⑥行政方法多样化。概括来看，"管理"是在"统治"基础上的一大进步，有组织、制度化是"管理"区别于"统治"的最大特征。"治理"一词最早来源于1989年世界银行的报告，后逐渐发展成为具有新内涵的公共管理策略。而"治理"作为新的公共行政模式具有如下特征：①公共权力的多元化；②行政权力运行的多元化；③行政职能大压缩；④行政组织扁平化；⑤行政方式民主化；⑥行政人员责任制；⑦行政目标和评价标准更迭。区别于"管理"，"治理"强调行政权力的多元化、民主化与法治化，是与现代管理制度相适应的模式。而"区域协同发展"则作为由"管理"向"治理"转变的中国城市群发展的阶段性目标，是本书认为区域发展需要达成的未来目标。

第三节　国内外研究现状

当前国内外区域治理研究已取得较丰富的研究成果，对中国城市群区域协同发展具有较强的参考价值。鉴于目前学者在中国城市群研究中均使用"区域治理"一词，本书在研究进展回顾中，继续沿用"区域治理"这一表述。

一、区域治理理论缘起

区域治理（regional governance）可以理解为治理理念在区域层面的应用。区域治理是指：政府、非政府机构、公众等团体在一定区域范围内，以保留自身主体性权威为前提，借助特定的机构与机制的制度化设定，协商解决公共问题的过程或状态（王苹，2011）。

学术界关于区域治理的研究时间并不长，对于区域"协同发展、公共管理"问题的初步研究最早始于20世纪50年代。无论是经济学界关于"区域发展问题"的探索还是政治学界关于"政府关系、地区竞争力"的研究，抑或是地理学、社会学界关于"城乡关系、新区域主义"的理论讨论，均影响了区域治理理论的形成。经济学家赫希曼（Hirschman）提出，区域增长与其不平衡性是相伴相生的。佩鲁（Perroux）和弗农（Vernon）的"增长极理论"、刘易斯（Lewis）的"二元经济结构论"均是区域发展研究的经典论断。多默（Dormer）对美国政府纵向和横向关系进行研究，提出政府间关系受法律和政府间竞争动力的影响。波特（Porter）在《竞争力》《国家竞争优势》等论著中提出的经典模型"钻石模型"，包含了管理主体多元化、治理现代化的思想。经济地理学家戈特曼（Gottman）提出了美国多核心、多层次的"大都市带"。麦基（McGee）、道格拉斯（Douglas）等学者关于城乡关系的研究，其内容实际上是在全球化、网络化背景下社会结构出现网络性、复杂性、多元化特征的具体体现；新区域主义思潮对区域治理的形成具有重要影响。梅西（Massey）、阿明（Amin）、库克（Cooke）等代表性学者的观点，强调"区域熔炉性、自上而下、多层次网络协作、治理能力发展"等特征，这些理念也成为区域治理的关键。

区域治理概念真正形成于20世纪90年代，对于该问题的研究目前已经成为重要研究领域。Stoker（1998）概括了治理的五个要点，包括治理主体的多样性、公共服务外包普遍化、确定治理主体之间的相互权力、参与者自主网络的形成、超脱政府威权的治理能力。西方关于欧盟治理的研究极大地推动了区域治理的发展，《欧洲一体化与欧盟治理》从多层次体系中的转变、网络中治理等方面对区域治理的内涵做出丰富。国内学术界在20世纪90年代后期将"区域治理"引入，代表性学者有俞可平、陈瑞莲、张紧跟等，他们对区域善治、区域公共管理、区域行政和行政区行政、区域治理等相关领域展开大量研究。目前，"区域治理"已经成为公共管理、政治、经济、城乡规划等多个领域的研究热点。

二、国外区域治理研究

国外区域治理研究主要集中在区域治理内涵研究、全球及国家治理、城市群（大都市区）区域治理、流域治理四个方面，并注重从新的理论思潮、利益关系、公众参与等方面入手，主要运用比较研究、实证研究、数据模型构建等方法进行研究。

（一）区域治理内涵研究

目前学术界对于采取何种区域治理思想或体制没有统一看法，通常认为有三种主要流派——单中心、多中心和新区域主义，这也与时代背景和地方政治背景有关。Jones（1942）对以芝加哥为代表的地区进行研究，认为可以通过市县合并、重组和建立联邦政府等方式来建立庞大的自治政府，这是"单中心"的基本论断；Tiebout（1956）认为，只有区域内政府的多中心特性——有限的政治融合，才能够有效解决外部经济和非经济问题；而新区域主义更加强调多层治理、多重参与和多方价值，是一种多方利益协调融合的治理方式，此外也有众多学者对其内涵有过深入分析（Cooke，1989；Wallis，1994）。

对于区域治理的内涵、模式、机制等问题，学者们从不同理论出发做出讨论。Barnes和Foster（2012）从容量和目标的角度构建了区域治理内涵的结构框架，并从利益相关方、机制、内部容量、外部容量、实施经验等五个方面解析了区域治理的主要内容，为区域治理的理论和实践提供了指导。Bruszt（2007）从博弈论的角度构建的大都市区域治理理论模型、囚徒困境博弈、讨价还价博弈、保证博弈等模型丰富了学界对区域治理利益关系的理解。而欧盟发展协会（EURADA）则在新区域主义的影响下，构建了区域发展和区域治理的理想模式，即一种基于内源性和外源性经济协调的区域发展模式以及基于"经济支撑、人力资源、区域吸引力"的区域治理模式[①]。

（二）全球及国家区域治理研究

全球和国家层面治理是国外区域治理研究的热点，其中对欧盟治理问题的研究最为集中。科勒-科赫教授等所著的《欧洲一体化与欧盟治理》中关于欧盟发展、机构、成员国关系、政策与公共职能执行之间关系等方面的研究，开创并引领了欧盟一体化研究的热潮；欧盟治理侧重于研究国家在政府缺失状态下地方多主体间的合作模式及路径，以及在这种国家边界逐渐模糊并被社会经济行为体所取代的背景下，国际新秩序的建立逻辑，这也是欧盟治理领域具有独特性、吸引性之处。针对上述情况，Brenner（2000）对统一后德国在欧盟地区的区位竞争力变化进行研究，并讨论了新自由主义影响下国家空间规划、竞争联邦、财政均衡等一系列政策的变动；而多位学者以捷克、匈牙利、波兰等新欧盟国家为案例，对其为适应欧盟一体化要求而制定的区域发展机制、区域政策等问题展开讨论[②]。全球治理领域中，国家不得不打破自身利益实现角色转换以适应全球化，而从国际关系方面探讨区域合作的重要性和机制显得尤为重要。全球化会对区域治理尤其是公共行政产生深刻影响，同时全球化会对区域治理尤其是公共行政产生深刻影响，Nye 和 Donahue（2000）从全球化角度重新考虑了政府与非政府、公共信息政策、公共管理等问题。

（三）城市群区域治理研究

全球城市化进程加快，地方政府间的跨域特性使碎片化的区域政府

---

① 欧盟发展协会(EURADA)成立于1992年，聚集了欧洲各地从事经济发展的专业人士。该协会促进了区域经济发展从业者之间的合作。他们可以建立合作网络，规划共同的欧盟项目，在欧洲层面进行合作、倡导和参与。

② Evolving regional governance regimes: challenges for institution building in the CEE countries[Z] .NEWGOV New Models of Governance, 2005.

有集体行动的必要性，区域公共管理的目的在于减少城市与区域发展的负外部性（Feiock，2007），城市群（大都市区）区域治理的研究也成为重点。在这种情况下，城市群（大都市区）区域治理面临着社会和地域多样性、政府碎片化、经济全球化和竞争力塑造等多方面的挑战，Sellers（2007）从发达国家和发展中国家的现状入手，通过剖析关键性挑战和内容，指出大都市区超社区改造和多中心主义两条治理路径。Oakerson（2004）也认为，多中心的政府设计是适合大都市区治理的现实状态，并从模式、制度、结构、替代方案等多方面进行阐述。与之不同的是，Newton（2012）认为需要区域政府以协调整合公共服务、执行战略等，这也是"单中心主义"思想的体现。不同于上述两种观点，阿尔伯特大学城市区域中心在研究12个欧美城市群区治理案例的基础上，认为并没有一种区域发展的"最佳模式"，任何模式都要在当地文化背景下考虑公私关系、动机、价值体系等问题，成功模式需通过利益相关者的共同讨论与谈判而形成（City-Region Studies Centre，2012）。同时在城市经济竞争、政府界域、学校治理、特殊业态等多个方面对城市群区域治理问题展开了广泛研究。

（四）流域治理问题研究

国外流域治理较为注重跨国或跨行政区划的河流、湖泊各方利益的协作实证研究，例如莱茵河和多瑙河流域治理（Wanninger, 1999）、英国伦敦的泰晤士河流域治理（Cao et al., 2018）、日本琵琶湖的水污染治理，以及美国密西西比河流域的开发和治理等问题。其在几十年中形成的污染防治、水域管理、共同开发的协作机制为世界各国提供了宝贵经验。

三、国内区域治理研究

（一）区域治理理论研究

中国关于区域治理理论的研究仍处于起步阶段，主要涉及理论沿革发展、基本内涵特征、层次结构研究、治理系统分析、治理基本手段、行政区划问题等多方面。

1. 区域治理层次

区域治理层次的划分方法主要有两种：一种是陈瑞莲根据区域涵盖界域的大小将现代区域公共管理划分为现代国家间区域、次区域和国内区域三个层次（陈瑞莲，2005）；另一种是马海龙从区域尺度上进行分类，划分为宏观区域、次区域、中观区域、微观区域四个层次（马海龙，2007）。两种划分方式具有相通之处，在国家（宏观）区域和次区域层次分别是指洲际内国家或组织和跨国区域经济体层次，而第二种划分方法的中观区域、微观区域则是对"国家内部区域"的细分。

2. 区域治理机制

区域公共问题多元化、复杂化的发展趋势逐渐要求区域治理机制由传统科层制向多元化、网络化方向转型。经过几十年的发展，国际上形成三种主要治理机制：单中心主义、多中心主义和新区域主义，分别对应传统科层制、多元主义机制和网络化协调机制。国内有学者对其做了进一步深化，概括出国家主义、多元主义、法团主义、网络主义四种机制的主要特征（吴志成，2003），而欧盟的治理则秉承了交织主义或者说新区域主义的思想。可见，区域治理的治理主体和协调组织关系是机制的主要划分依据，主要包括单中心、多中心、网络化三种基本治理模式。

3. 区域治理手段

区域治理的手段种类丰富，主要包括行政区划调整、设置区域机构、区域规划政策、制定协调机制四种。有学者将区域治理的手段概括为正式的协调机制、非正式协调机制和上级政府的规划指导三种，认为区域正式和非正式的协作有利于城市的整体规划、资源优化配置和城市的综合治理，并指出中国大都市区治理主要还是地方政府之间的协调，地方居民的偏好特征通常被简单忽略的问题（尹来盛，冯邦艳，2014）。

也有主张新区域主义理论的学者提出，开展区域治理的前提是形成广泛的区域认同感，治理手段应从科层制转向网络化，将合作治理规范从非制度化向制度化转型，进一步强调城市间的联动治理而不是分散治理（张衔春等，2018）。在有效的区域治理中，中央政府应为地方政府提供诱导性和保障性的合作创新政策，而地方政府充当着各类中介组织，在区域治理中发挥着桥梁纽带的作用（陈瑞莲，2006）。在区域治理过程中，城市群内部的分工也愈加细化，功能上互补并协同发展（张衔春等，2018；陈琳，2019）。

（二）区域行政问题研究

区域行政问题是区域治理领域较早开始也较为集中研究的问题，与行政区政治、行政区划问题密切相关。刘君德在《中国行政区划的理论与实践》《中外行政区划比较研究》等论著中明确提出"行政区经济"概念，并分析了地方保护主义等现象，为中国行政区划研究奠定基础。陈瑞莲和张紧跟（2002）论述了广义区域行政的概念，分析了区域行政的起源、内涵、现状和研究意义；陈瑞莲（2003）详细梳理了区域公共管理的缘起、研究现状和发展趋势，指出由行政区行政向区域行政再向区域公共管理的转变；张紧跟（2009）从全球一体化背景下区域行政的运作机制、问题和展望等方面，对区域行政走向区域治理这一趋势进行了补充。

部分学者也从多维视角讨论区域行政问题：钱振明（2001）从"宏观区域"的视角讨论了跨国行政这一全球化时代行政学研究的新课题，并展开论述；张京祥（2013）从"尺度重构"的视角对国家区域调控手段、行政区划调整进行剖析，指出区划调整这样的刚性尺度重构和国家战略区域规划这样的柔性尺度重构对区域治理产生同样重要影响，且善用、用好区域规划这一积极主动的尺度重构工具，是中国保持国家制度创新柔性的核心优势所在。

（三）城市群区域治理研究

随着经济社会的发展，区域成为国家经济增长的重要引擎。中国区域层面区划调整、区域规划编制、区域政府协作的研究，以及城市群区域治理的相关研究大量涌现，体现出城市群区域治理的重要性。

早期，宋家泰、姚士谋、徐清梅等学者倡导将"城市群"的概念引入中国。其中，宋家泰（1980）认为，"城市—区域"是核心城市及与之有紧密联系的周围地区之间的一种特定的地域结构体系。姚士谋（1992）和徐清梅等（2002）总结出了城市群发展的基本特征、类型与空间布局，并按照城市分布范围和规模等级进行划分。此外，于洪俊、宁越敏在《城市地理概论》中用"巨大城市带"介绍了戈特曼思想（于洪俊，宁越敏，1983）。城市群区域治理的研究晚于"城市群"和"区域治理"的研究，于20世纪90年代末逐渐被人们所关注。中国城市群区域治理主要以珠江三角洲城市群及长江三角洲城市群等为对象。顾朝林等（2003）编著的《城市管治：概念·理论·方法·实证》比较全面地介绍了城市和区域治理的研究进展和国内的案例。城市群区域治理的研究主要包括城市群区域协调发展研究、城市群区域规划政策研究、城市群专项治理研究三个方面。

1.城市群区域协调发展研究

城市群区域协调发展可以理解为：遵循区域与城市成长发展的规律，适应区域经济一体化发展趋势和要求，建立有效的协调机制，从自然整合走向制度安排，通过良性竞争实践科学发展观（杨保军，2004）。其目的是在区域治理框架下，通过合理分工协作而使不同城市承担不同的经济职能，克服单个城市在资源、空间等方面的不足，在更大的区域范围内实现单个城市无法达到的集聚效应，实现共同和谐发展（黄春萍，2009）。城市群区域协调发展，需要从空间协调发展、政府协调治理、产业分工协作等方面出发。

第一，空间协调发展。顾朝林（1992）在《中国城镇体系——历史·现状·展望》中对城市群、城镇体系进行了系统研究，并对城镇空间协调发展的体系、结构、规划方法进行了深入研究；随后，顾朝林和张敏（2001）对长江三角洲都市连绵区空间关系和形成机制进行研究，认为长江三角洲都市连绵区由中心城市—城市发展轴线和次级城市群及其腹地构成，已形成五个层次的城市等级体系。张京祥（2000）在《城镇群体空间组合》一书中，对城市群空间内部城市、乡镇等实体空间和环境、乡村等基质空间的网络性进行了详细论述。年福华等（2002）研究了城市群内网络化空间结构模式及其重要作用。张京祥等（2001）认为，协调分工是都市圈整体优势确立与和谐运作的基础，中心城市不应通过个体规模的扩大而实现壮大，而应通过实现与周边城市一体化来提升自身发展实力，通过都市圈整体协调发展增强城镇群体竞争力。张尚武（1999）以珠江三角洲地区为对象，提出以综合交通为先导的城市群空间协调发展模式，把交通体系与城镇空间形态相结合。城市群空间协调发展是区域协调的物质载体，以上研究对城市群的体系网络、职能分工、城乡用地研究较为深入，而对环境基质、基础设施等方面的研究较少。

第二，政府协调治理。政府间关系包含纵向和横向两个层面，而政府间横向关系的发展适应了中国市场经济的基本要求（陈瑞莲，2006），也逐渐成为城市群政府间关系的研究重点。谢庆奎（2000）指出，政府间关系包括中央与地方、地方与地方、部门之间的关系，并进行了基础性系统分析。林尚立（1998）的《国内政府间关系》研究了市场经济、政治民主化、一国两制等背景下政府间关系及发展方向等问题。郭向宇（2011）从区域经济冲突、生态冲突、社会冲突以及复合冲突方面对长株潭城市群区域冲突产生的原因、机理和解决路径进行了深入剖析，揭示了区域不协调的制度根源。陈瑞莲等（2004）编著的《珠江三角洲公共管理模式研究》以珠江三角洲地区各级政府管理公共事务为视角，深入地探讨了区域公共管理的基本理论和珠江三角洲地区的政府公共管理模式。谈文翔（2011）总结了目前中国的行政协调机制主要有规划机制、督导机制、联席会议机制、法制保障机制、改革试点机制五种。而对于城市群府际协调的主要手段"区划调整"，张京祥等（2002）、毛蒋兴等（2009）以珠江三角洲、长江三角洲为研究对象，进行了深入考察，剖析了经济区、行政区、区域体制等问题。

第三，产业分工协作。产业分工协作是区域经济合作最为重要的内容之一，是经济主体为了谋求经济社会利益，而促使生产要素在区域之间流动和重新组合的过程（盘和林，2017）。马燕坤和张雪领（2019）探讨了城市群在不同发展阶段城市间的产业分工演进，揭示了核心城市与外围城市在不同产业分工上的功能形式特性及形态。京津冀区域的协同发展一直是学者们关注的焦点，郑重和周永章（2008）就以此为例，指出产业发展是城市发展的根本动力，城市群发展过程由于存在个体差异，必然存在产业转移的特征及趋势，强调了区域合作生态化保障机制在区域协调发展中的作用。不同城市群所面临的产业分工问题也大不相同，王猛和蔡竹欣（2019）就环杭州湾区、粤港澳大湾区的产业分工特征进行测度分析，发现两大湾区目前总体产业分工水平较低的原因在于湾区内产业分散，城市产业结构相似度过高，无法发挥集聚效应。也有诸多学者认为，城市群的产业分工直接或间接地通过城市群城市功能分工表现出来，发展水平较高的核心城市对外围城市承担着生产性服务功能，外围城市则主要承担生产制造功能，但是这样的分工职能并不是静态的，会随着外围城市的发展产生功能等级上的变化，以促进整个城市群内部产业发展和经济结构转型（马燕坤，张雪领，2018）。

2.城市群区域规划政策研究

崔功豪（2006）在《区域分析与区域规划》中对区域及城市群理论基础、分析方法、规划协调手段等进行了系统梳理，为城市群规划提供了重要指导。吕斌和陈睿（2006）认为，目前城市群规划实现了综合空间规划的转变（包括区域空间协调、区域空间管制和区域重大设施布局），并以山东半岛城市群为例提出城市群规划中空间管制策略的创新。谷海洪（2006）以政策分析为视角，构建了基于网络状主体的区域规划制定、实施、监测评价和监控的全过程理论方法，分析了城市群多元多主体多层次关系，为城市群协调发展提供了规划政策引导。

3.城市群专项区域治理研究

城市群专项治理是针对某一专门化领域展开的区域治理，如生态环境治理、区域旅游协助、区域经济协调等。李建桦等（2013）对长株潭城市群区域景观生态格局的现状及存在的问题进行研究分析，进一步讨论生态空间可持续发展问题；程炯等（2006）分析了珠三角城市群主要的水环境问题，提出了以污染物源头控制和流域综合调控为主的水环境治理对策。孙赫（2007）对山东半岛城市群区域旅游合作内涵、机理、模式进行剖析，并提出政府机制、市场机制、旅游企业竞争合作机制、产业集群创新机制、行业协会协调机制及产业升级的保障机制。胡序威（2005）指出，区域城镇体系的发展需要按照经济区进行协调，以补充行政区划的不足，并指明中国主要都市经济圈的协调发展方向。王伟（2009）以长三角、珠三角、京津冀地区为研究对象，采用趋势面分析方法对三大城市群经济空间结构特征进行分析，总结出"单极—扇面"的长三角城市群经济空间结构、"双核一轴带"的珠三角经济空间机构及"双星—岛链"的京津冀城市群经济空间结构。

4.流域治理问题研究

流域是区域的一种特殊类型，中国流域治理存在生态破坏严重、治理矛盾突出和相关研究经验不足等现象。国内对于流域治理的研究处于起步阶段，主要包含流域利益协调、流域生态补偿、水务管理机制、国外经验借鉴等方面。

陈瑞莲（2005）研究了流域生态补偿机制、模式等问题，提出以准市场模式为主导的区际生态补偿机制，并从流域区际民主协商机制、流域生态价值评估机制、补偿资金运营机制和流域区际经济合作机制进行完善；随后，其研究团队的《中国区域治理研究报告》对中国区域治理的理论和相关研究进行梳理，并针对珠江流域和东江流域的实践，提出上下游政府、非政府组织多层次区际协调机制和更加完善的区域生态利益补偿机制。陈湘满（2002）认为，解决流域治理中的利益协调问题，必须解决与水资源相关的外部不经济问题，处理好局部利益与整体利益之间的关系问题，以及协调当前利益与长远利益的关系。

比较国内外区域治理研究现状可以发现，总体而言，国外较为注重全球和国家区域治理、城市群区域治理、流域治理问题；国内研究重点为经济圈或城市群区域治理、河流流域治理等方面。在研究方法上，国外研究方法较为丰富，如理论演绎、模型构建、实证研究、比较研究等；而国内主要以描述、比较、实证研究为主，缺少模型构建和数据论证等方面的深度研究。在研究流派上，国外虽然多种流派并存，但更倡导"多中心、新区域主义、多元参与"的思想理念；国内多以引介国外思想为主，在倡导"多元参与、多中心"的同时更注重政府间的"多中心协调问题"研究。

中国区域治理领域研究还处于起步阶段，主要研究领域集中在理论内涵研究和城市群区域治理问题的实证研究上，对跨国大区域研究和河流流域治理研究尚不充分；随着区域一体化和中国行政体制的现代化改革，中央和地方政府间关系、地方政府间关系、政府和市场及社会间的关系将会发生进一步的重构。府际关系、公众参与、多层次网络化治理问题需要学术界给予进一步的研究和解答。同时，随着城市群区域规划的出台，国家把城市群作为重要发展载体，城市群区域治理依然是未来研究的重点领域。

第三章　法国、德国、荷兰、加拿大的区域治理模式与实践

第一节　法国巴黎大都市区区域治理模式研究[①]

法国作为单一制国家，行政单元划分具有强烈的国家特色，分为"大区—省—区—市镇"四级。大区作为特殊的行政单元，大致等同于中国的省级行政单元。2016年后，法国本土拥有13个大区，大区是最高级别的行政分区，作为独立行政单元，区内设大区委员会，每6年直接普选产生，并任命区长代表中央管理各省。大区之下，设置有96个省，每个省份又分为322个区，区内共包含了36529个市镇。在法国的13个大区中，法兰西岛大区的发展最佳，经济实力强劲，也集中体现了法国复合式区域治理模式，形成"中央—地方"两级治理层次。

一、巴黎大都市区区域概况

巴黎大都市区位于法兰西岛大区，在巴黎盆地内，以巴黎为中心，包括围绕其周边分布的博尚、塞日蓬图瓦斯、埃夫里、芒特、努瓦西勒格朗、蒂日利略桑、塞纳马恩等7个不同规模的市政公共合作组织合并组成的多中心城市群。其总面积约814平方公里（约占法国总面积的0.15%），人口约697万人（约占法国总人口10.39%）。

巴黎大都市区形成于20世纪60年代巴黎开始的新城规划。1960年颁布的《巴黎地区区域开发与空间组织计划》（PADOG规划）提出，要遏

---

① 本节已发表在：张衔春,胡映洁,单卓然,等.焦点地域·创新机制·历时动因——法国复合区域治理模式转型及启示[J].经济地理,2015(4):9-18.

制郊区蔓延，追求地区均衡发展，通过向郊区转移人口及产业来疏散中心区人口及产业，并鼓励巴黎周边城镇发展，规划建设一批新城，从而围绕巴黎组成一个"多中心城市聚集区"。1965年颁布的《巴黎地区国土开发与城市规划指导纲要1965—2000》（SDAURP规划）提出，要保持城市建成面积增长，满足人口增加与土地开发的空间需求，新城建设沿一条平行于塞纳、马恩和卢瓦兹河谷，并与现状建成区南北两侧相切的轴线布局，其作为区域优先发展轴线被之后的大都市区空间规划所强化。

伴随着经济全球化的浪潮，区域产业分工合作引发了大都市区连绵发展，实现了大都市区与周边乡村劳动力的区域高度整合，巴黎大都市区发展成为与伦敦、纽约、东京并列的世界级大都市区。其用地规模和人口规模均与其他三个大都市区不相上下。这几个都市区中，除东京内城区人口超过外城区人口，其他都市区均实现人口向外城区和郊区的转移（见表3-1）。与伦敦相比，巴黎的新城建设更为成功：它把新城作为区域城市空间的组成部分，而非当作孤立于中心城区之外的游离部分，这实现了由单中心结构向区域内城市各自分工的多中心空间结构的转变，而区域内城镇与中心城区的有效协作是实现巴黎大都市区空间规划的主要目的。

表3-1　巴黎、伦敦、纽约、东京城市用地规模与人口规模分布比较

（a）巴黎、伦敦、纽约、东京城市用地规模分布比较

单位：km²

城市	中央商务区	内城区	外城区	郊区	周边地区
巴黎	23	82	650	11257	145645
伦敦	27	294	1257	9651	15996
纽约	22	160	618	9285	18627
东京	42	539	1564	9160	23323

（b）巴黎、伦敦、纽约、东京城市人口规模分布比较

单位：万人

城市	中央商务区	内城区	外城区	郊区	周边地区
巴黎	25	215	399	452	1066
伦敦	17	217	405	551	489
纽约	54	269	463	818	403

续表

城市	中央商务区	内城区	外城区	郊区	周边地区
东京	30	786	369	808	760

资料来源：Davies L, 1996. Four World Cities: A comparative study of London, Paris, New York and Tokyo[D]. London: University College London.

二、不同尺度下巴黎大都市区复合区域治理内容

基于法国行政分权化的改革趋势，依托复合治理机制，法国区域发展形成了"中央—地方"双层治理模式。以法国巴黎大都市区为例，巴黎大都市区作为一类正在加速形成的"多中心城市聚集区"，逐步呈现出以中央政府为主导、地方机构自治为特征的"双主体"区域治理模式。

（一）国家尺度——中央政府主导

中央政府是巴黎大都市区区域治理的主导性机构。它的主要作用是结合巴黎大都市区在不同空间尺度下的规划定位制定空间发展规划和区域管理政策（见表3-2）。中央政府通过在欧洲、国家、大区、区内城镇等各类区域层面展开统筹协调，研究和确立核心城市在区域治理中的定位与职能。如在欧洲层面，巴黎与巴黎盆地是欧洲中心地区的一部分；在国家层面，巴黎是法国人口产业空间布局的中心；在区域层面，巴黎大都市区包括了尺度更小的巴黎城市地区和巴黎聚集区，其是巴黎盆地的核心部分；在地方层面，都市区内城市之间需要跨市域展开区域协调。

表3-2　不同尺度下涉及巴黎大都市区区域治理内容一览

尺度	名称	缩写	内容
欧洲	欧洲空间发展展望	ESDP	欧洲尺度上的空间多中心化（与欧洲外围相比，巴黎与巴黎盆地作为中心地区的一部分）
西北欧	西北欧设想		宏观区域尺度上的多中心化（在此尺度上，巴黎盆地处于欧洲中心地域的外围）
国家	公共服务纲要	SSC	主要装备制造业和服务业的部门规划（公路、铁路、能源、环境、高等教育）
	国家区域战略行动计划	PASER	定义了全国性目标和将于4年内在特定区域实施的规划
国家/区域	国家区域计划跳跃	CPER	约6年时间内，在特定空间规划领域由全国政府与特定区域在投资协议上达成的契约

续表

尺度	名称	缩写	内容
区域	大区国土规划纲要	SRADT	从区域角度详细描述的区域规划资料
	大巴黎地区区域整治纲要	SDRIF	大巴黎区域的专业规划资料，合法整合了所有其他规划资料（包括市级规划）
地方	地域协调发展纲要	SCOT	跨市域的规划资料
	地方城市规划	PLU	市级的城市规划资料

资料来源：Halbert L, 2006. The polycentric city region that never was: The Paris agglomeration, Bassin Parisien and spatial planning strategies in France[J]. Built Environment, 32(2): 184−193.

巴黎大都市区的区域治理可追溯到20世纪60年代。当时，巴黎城市区域与外围区域的联系日趋紧密，促成了巴黎与外围区域整体空间规划的产生。这种中心—外围以及次区域网络之间的联系显示出多中心城市间互动格局的雏形。之后，随着知识经济的兴起，知识密集型产业对区域选址的需求引发了中央政府对区域空间布局的调整，新空间规划沿一条东西向平行于城市建成区边界的切线作为空间优先发展轴线，以布局新城和新兴产业。这期间中央政府与下属的国家规划机构国土规划与地区发展委员会与区域内的8个省份共同编制《巴黎盆地跨区域计划条约》（CPIBP，1994—1999），以确定巴黎大都市区边界，避免了更大尺度的空间分散。

在国家尺度上，巴黎大都市区多中心规划的核心是从巴黎到国土范围内其他地区的再分配政策（Ludovic，2006）。这种政策可归结为一种所谓的复合治理和城市合围内实现各地区平衡发展的需求，避免了巴黎的单一极化，而是把法国更多的城市打造成像巴黎一样的国际城市。

（二）区域及地方尺度——地方积极寻求自治

尽管在国家尺度上，巴黎大都市区是法国国内唯一能与西北欧其他经济集聚区竞争并达到世界级发展水准的大都市区，但是它周围的城市和广大农村地区比较贫困。因此，受到都市区之外的区域普遍欢迎的"大都区网络远景"（Metropolitan Network Scenario）获得了更多支持。

相比于中央政府制定的《巴黎盆地跨区域计划条约》所提出的多中心规划政策，"大都区网络远景"与巴黎区域规划议程密切相关（Halbert，2006），并指出巴黎盆地内的其他城市应该获得比巴黎区域内更高的自治权。它也获得了法国国土与规划发展委员会的认同。

巴黎盆地的地方政府寻求自治的努力在《大巴黎地区区域整治纲要》的修订中得到了关注，大巴黎地区总体规划的修改被中央政府提上议程。地方寻求自治是为弥合大巴黎多中心规划所造成的在扩大的巴黎区域内劳动力功能的分离，而它已限制了劳动力在大都市尺度上潜在的分散化，同时地方自治也是将《大巴黎地区区域整治纲要》扩展到大都市区之外地区的重要策略。尽管这种地方自治努力的效果有限，但仍有一部分跨区域计划获得了通过，包括修建一条连接诺曼底和拉德方斯与戴高乐机场的铁路，以及连通巴黎与奥尔良的铁路的提升计划。

三、中观尺度复合区域治理实施创新机制——多方协作下的城市合同

（一）城市合同达成的现实基础

法国的城市合同治理模式有效地发挥了复合治理的优势，主要针对长久以来法国的福利国家模式所带来的经济衰退与就业率下降等问题（李宜强，2012）。城市合同有别于传统意义上的合同，它并非由合作者站在平等的位置上协商并相互让步达成。它是由中央政府先制定一套总体目标，各个区域再将它们的发展策略与选择融合到大框架之中（Ancien，2005）。早期的城市合同是为了推进第十个三年规划而制定的，强调多方合作，其中推行方包括法国中央政府、各地区政府、法国国家基金会（CAF）等，而参与方则更加广泛。有研究指出，城市合同具有三方面的现实基础（李宜强，2012）。

1. 经济实力和法律地位的强化

法国分权传统及早期实施的均衡化发展战略，一方面强化了政府在法律体系中的合法定位；另一方面提升了大区的经济实力，确保合同过

程中各方利益主体之间关系的合作性，因此也促成了法国区域治理中合作伙伴关系的形成。城市合同的四个主要合作方向是：保证共和国协约的稳定；加强社会和谐与稳固；实施多元主体参与的集体计划；与地方居民合作，建立新型民主关系（李宜强，2012）。

2.统一领导机构保障有效协调

城市合同由城市合同实施委员统一领导，而城市合同实施委员会下设秘书处、经济建设与国际发展部、城市发展部、资源管理部、卫生管理部、水资源管理部、道路维护部等部门，对区域治理的重大事项进行多方面的严密管理（李宜强，2011；李宜强，2012）。

3.强大规范能力下的行为约束

通过城市合同将非政府组织与政府当局有效联系起来，以提供资金、场地、政策优惠等，地方政府可以有效地约束非政府组织行为，使其服务于社会（李宜强，2011；李宜强，2012）。

（二）城市合同参与的多元主体

法国在地方分权的过程中产生了地方联合体繁荣，地方联合体成为参与区域治理的一类重要主体。在这一过程中，地方各类政府组织的能力也得到了进一步提升，成为地方参与区域治理的重要条件。

表3-3显示了法国各类参与区域治理的主体类型，包括市镇、聚居联合会、市镇联合公共公司、都市共同体、城市共同体、市镇共同体、省议会、大区议会等，其中聚居联合会、市镇联合公共公司、都市共同体、城市共同体、市镇共同体为主要的地方联合体形式，在区域治理中发挥着重要的功能（Cole，2006；丁煌，上官莉娜，2010）。中央政府通过法律，对联合体的权力进行保障，包括将一部分市镇的权力移交给联合体，如规划权、公共服务设施网络的建设经营权、向联合体内生产企业征收特别税的权力等（卓健，刘玉民，2009），同时中央政府还通过财政手段对联合体发展进行激励（Cole，2006；卓健，刘玉民，2009）。

表3-3　法国各类区域治理主体一览

类型	数量	功能
市镇（communes）/个	36500	地方规划、建筑许可、小学的建设和维护、垃圾处理、公共福利等
聚居联合会（voluntary inter-communal syndicates）	—	具有灵活性的市镇联合体，可以是单一功能的（SIVU），也可以是多功能的（SIVOM）
市镇联合公共公司（EPCI）/家	约2250	永久性的市镇联合组织，负责防火、垃圾处理、交通、经济发展、住房等公共服务
都市共同体（urban communities）、城市共同体（city-wide communities）、市镇共同体（communi-ties of communes）、省议会（departmental councils）/个	96	社会事务、部分高等教育、道路修建与维护等
大区议会（regional councils）/个	22	经济发展，一些交通设施、基础设施的修建与维护，区域规划的制定，部分高等教育、培训以及公共卫生等

资料来源：Cole A. Decentralization in France: Central steering, capacity building and identity construction [J] .French Politics,2006,4(1):31－57.

（三）城市合同内容的目标导向

在多元参与制定协调的城市合同的情况下，城市合同也具有多目标性及多元性。以土伦湾环境管理合同为例，其合同内容在指标参量中，充分体现了多元性及多目标性（见表3-4），概括起来主要是为了实现协约稳定、社会和谐、计划项目落实及地方参与等目标。

表3-4　土伦湾环境管理合同的多目标指标一览

模块	目标领域
背景数据模块	基础人口统计数据、经济与住房数据
模块一：社会经济发展	贫困问题、就业岗位、城市生产力、健康、社会投资、教育、社会凝聚力
模块二：基础设施	包括水、卫生环境、电力和电话等
模块三：交通	交通和道路
模块四：环境管理	空气和水质量、固体废弃物、资源和灾害
模块五：地方政府	管治、财政与地方参与
模块六：住房	住房需求、住房价格与质量、土地、财政与建设

资料来源： Henocque Y, 2001. Urban communities and environmental management in France：The example of the Toulon Bay Contract [J] . Ocean & Coastal Management, 44(5-6): 371-377.

（四）城市合同运行的逻辑框架

法国城市合同在制定实施过程中遵循的逻辑框架是在中央政府制定宏观总体目标的前提下，通过多主体参与、多目标导向，着重于在不同层级政府之间、政府与非政府组织之间、政府与群众之间建立具有法律意义的合作关系（见图3-1）。

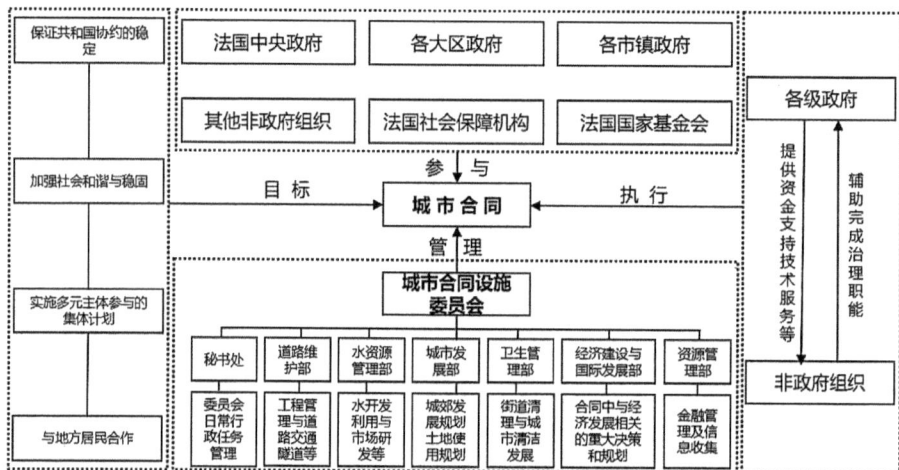

图3-1　法国"城市合同"多元治理逻辑框架

四、契约型复合区域治理实现的历时动因——均衡失效与新国家主义

作为具有长久单一制历史的国家，法国的中央政府相较于其他西方国家具有更强的行政权力，它始终是地方与区域政策的制定者与执行者。二战之后，在经济崛起的"辉煌30年"中，法国依靠中央政府的集权作用，实现了工业化与城市化的快速发展。在这一时期，中央政府以区域均衡为主要手段促进区域经济发展，通过中央设立的规划部门制定区域发展计划，并由法国领土整治暨发展局（DATAR）这一中央机构为地方提供专家支持，负责实施地方与区域的项目。

中央政府自上而下的区域协调手段主要包括限制企业在巴黎等重点地区的发展、修建铁路等基础设施连接巴黎与边远地区、将具有集聚作用的政府部门搬迁到不发达地区、投资建设反磁力城市和新城等。然而在20世纪70年代后期，随着全球市场一体化进程的加快及法国内部经济结构的调整，自上而下的均衡化策略出现乏力。因此，法国政府开始将区域治理目标由均衡发展转向加强国家竞争力，并伴随着地方分权的进程与各类联合体组织的发展，形成了有别于前一阶段自上而下治理模式的新区域治理模式。这种治理模式既保留了国家的协调与统筹能力，又更大程度地体现了地方与市场力量的参与，为新阶段法国区域经济的进一步发展提供了充足的动力。

（一）内外压力下的目标策略调整

1.国家竞争力培养下均衡区域治理策略失效

从20世纪70年代后期开始，法国在内外压力之下对原有的均衡化的区域治理目标与策略进行了调整。这个阶段，发达国家在快速发展之后普遍经历经济下行，均衡化的发展与经济增长的目标开始不再吻合。因此，法国开始转向国家竞争力的培养，通过培育巴黎等具有国际竞争力的大城市来拉动法国整体经济的发展成为这一阶段区域治理的主要目标（Ancien，2005；萨维等，2009）。原有的自上而下的治理模式遭遇了严峻的挑战。其中，外部压力主要来自生产全球化、劳动力的全球分工、廉价工业品的全球竞争以及欧洲一体化进程的加快。内部压力则来自法国自身工业产业就业规模的逐渐缩小以及高技术产业的发展。

从外部环境来看，法国经济随着加入欧洲经济区统一市场（EEC）、关税贸易协定（GATT）以及随后的世界贸易组织（WTO）逐步开放，其低成本的制造业，如钢铁业和纺织业，受到了来自东欧国家以及世界范围内其他地区廉价劳动力的冲击，这使得法国政府依靠直接投资大型工业项目的均衡化策略逐步失效（Ancien，2005；Jessop，2002）。一方面，一种以本地内生化发展、中小企业为主的发展方式在全球化的背景下更加具有稳定性和竞争力；另一方面，巴黎大都市区作为法国最具国际竞争力的区域之一，均衡化政策或对其发展产生制约。因为，无论是培育自下而上的本地企业，还是激发巴黎作为国际都市的潜力，都需要法国的区域治理进一步结合本土的知识与力量，对原有模式进行调整。

2.知识经济时代工业衰退及高技术产业发展

从法国国内来看，其整体的工业发展在20世纪70年代后期开始出现衰退。1950—1989年，工业就业占法国整体就业的比重由35%下降到22%。这意味着工业已无法提供更多的就业，更多的就业开始集中到第三产业以及知识经济领域。而刺激高技术产业的发展，不能仅靠政府将产业投放到低就业率的地方来实现。高技术产业对人才质量以及地区环境品质的需求，使自下而上的地区竞争力培育变得更加重要。这时，不同的地方政府会为争取更多的产业落户展开竞争，这需要将更多的中央权力移交给地方。表3-5显示了1989—2012年法国分产业就业人数与比例变化。

表3-5　（1989—2012年）法国分产业就业人数与比例变化

年份	农业就业		工业就业		第三产业就业	
	人数/万人	比例/%	人数/万人	比例/%	人数/万人	比例/%
1989	120.97	5.6	471.9	22.0	1550.59	72.3
1995	91.39	4.2	418.9	19.3	1657.52	76.5
2000	82.00	3.5	419.6	17.8	1861.58	78.8
2005	74.73	3.1	383.0	15.8	1962.50	81.1
2010	65.70	2.7	339.9	13.9	2047.47	83.5
2011	65.69	2.7	338.2	13.7	2061.47	83.6
2012	65.41	2.7	335.5	13.6	2060.30	83.7

（二）新国家主义下责权事权分化

复合区域治理模式与传统治理模式的区别在于前者打破了单一行政体制下的权力上下级分工及自上而下与自下而上的定向权力架构。在行政领域，依靠建立完全的合同模式，形成政府与市场、政府与企业、政府与非营利组织及政府与公民在法律上的合作关系。在多元主体协调的基础上形成的城市合同也多是多元利益导向的，即多目标的合同内容。

在区域治理过程中，责权分化形成了法国区域治理中"中央政府主导、地方寻求更大自治空间"的治理特征。在分权化的社会发展趋势下，城市合同也成为地方与中央利益博弈的工具之一，治理主体的分化又迫切要求加强合同制的磋商与协作。在大都市区层面，城市合同及分权制导致事权的上下级分离，复合式的区域治理模式在大都市区形成"中央—地方"两级区域治理的基本模式。

1. 国家控制转向管制竞争，事权下放促进地方多元主体繁荣

现有对法国地方分权的引介与研究，已经较为详尽地阐述了法国从1982年《权力下放法案》开始的地方分权进程（郁建兴，楼苏萍，2006；上官莉娜，李黎，2010；李宜强，2012；冯萱，2012）。但现有文献没有注意到的重要特点，是在法国分权过程中，中央政府仍然具有重要的权力与作用。因此，法国的地方分权不能叫作"新自由主义"，而应该是"新国家主义"：并非高度地去管制，而是从国家控制向管制竞争转型（Ancien，2005；上官莉娜，李黎，2010）。该特征对理解法国自下而上与自上而下相结合的区域治理方式具有重要意义。

法国的地方分权过程比较明显的一个结果是中央政府功能的转移。中央政府通过地方分权的方式，将那些能够改善投资环境的功能转移到市政、大区、区域和市镇联合体手中，包括城市规划、交通规划、经济规划、住房、社会政策、文化以及公共卫生等（李宜强，2011）。另一个结果则是随着市镇联合体这类行政单元的发展和更多地发挥作用，都市区成为地方与区域政策实施的重要尺度，中央政府对市镇联合体采取了许多财政上的激励政策，进一步促进了市镇联合体的繁荣，市镇联合体也成为区域政策成功实施的重要载体（Ancien，2005）。

但是中央政府仍然保持着对地方有效的控制能力。因为地方分权的过程还伴随着权力下放，中央政府将一些中央机构与部门下放到了地方，参与地方决策并监督地方的自治（Ancien，2005；上官莉娜，李黎，2010）。有文献显示，法国有98%的中央政府官员在巴黎之外就职，而且他们的职责在大多数欧洲国家都属于地方政府（Ancien，2005）。另外，在事权大量下放的同时，财权虽也部分下放，但是地方财政自主能力仍受到限制。从税收来看，地方税收占总税收收入的比例虽然有所上升，但仍只有30%左右（见表3-6）。因此，地方政府一方面需要听从选民，

另一方面也需要接受中央政府的指导（刘丽，张彬，2013）。

表3-6　1980—2012年法国中央政府与地方政府税收收入与占比变化

年份	总税收收入/10亿欧元	中央政府		地方政府	
		税收收入/10亿欧元	所占比例/%	税收收入/10亿欧元	所占比例/%
1980	99.5	86.1	86.5	13.4	13.5
1985	173.9	144.8	83.3	29.1	16.7
1990	231.1	188.9	81.7	42.2	18.3
2000	318.2	256.8	80.7	61.4	19.3
2005	374.2	292.1	78.1	82.1	21.9
2007	383.6	275.7	71.9	107.9	28.1
2009	343.6	227.0	66.1	116.6	33.9
2010	363.7	274.9	75.6	88.8	24.4
2011	389.6	270.6	69.5	119.0	30.5
2012	409.4	285.8	69.8	123.6	30.2

2.职能转型与角色再定位，中央政府仍然保持有效控制能力

随着多样化地方联合体政治的发展，法国地方层级的政府能力得到了重要的提升。技术层面上，地方层级的政府开始拥有自己的规划专家、经济学家和城市地理学者，从而不再对中央的技术支持过度依赖（Cole，2006）；功能层面上，地方层面的政府组织需要与各类利益主体进行横向联合，其中包括地方经济力量（商会、公会、商务个人等）、志愿组织与公私合营关系（混合经济组织）（Cole，John，1995；Cole，2006）；政治层面上，地方政府的领导力得到提升，他们既要在公私关系中利用好市场力量来进行经济建设，也需要在纵向上与各种同级或不同级的组织建立关系并竞争，地方政府更加具有企业的特质（Cole，2006）。这些能力的提升为法国区域治理的良好推进提供了条件。在上文所述的三个重要背景之下，法国的区域治理模式发生了转变。图3-2显示了法国"地方分权"背景下区域治理模式转变的情况：左边是区域治理的旧模式，也就是中央政府自上而下地制定规划并实施规划，是财权和事权高度集中的做法；右边是新模式，体现了中央政府与地方各类自治组织组成了复合治理体系，显示为中央政府与地方网络化治理主题的双层结构。区域规划成为中央政府制定的框架，通过财权、事权的部分转移以及地方各

类自治组织的发展，地方将自己的发展目标融入中央的框架之中。同时，中央通过DATAR这样的权力下放组织，监督和参与地方决策过程。

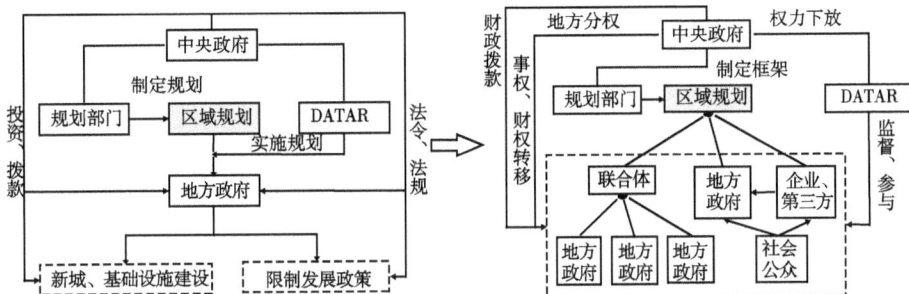

图3-2　法国"地方分权"背景下区域治理模式的转变

五、法国复合区域治理模式小结与启示

近年来中国大城市区域化和区域城镇化特征逐渐显著，空间范围从原来的京津冀、长三角和珠三角逐渐扩展到其他东部沿海地区乃至内陆地区，许多特大城市突破传统行政界线，与周边城镇功能紧密相连、空间连绵对接。随着大城市都市区、城市群以及城镇密集地区等新型城镇组合的出现，跨市域、跨省域和沿流域城镇地域功能联系快速增加。在此背景下，以自上而下行政区经济为基础、以单一中心城市为核心的传统区域治理模式遇到了越来越多的困境：利益主体新增及多元化、主体间利益关系复杂化、垂直行政体系与水平功能联系不匹配等问题愈发突出。《国家新型城镇化规划（2014—2020年）》强调，要紧紧围绕全面提高城镇化质量，加快转变城镇化发展方式，以人的城镇化为核心，以城市群为主体形态，以综合承载能力为支撑，以体制机制创新为保障，走以人为本、四化同步、优化布局、生态文明、文化传承的中国特色新型城镇化道路。[①]此后在党的十九大报告中，习近平总书记又提出了我国经

①　人民网.国家新型城镇化规划（2014—2020年）[EB/OL].(2014-03-17).http://cpc.people.com.cn/n/2014/0317/c83083-24650951-3.html.

济已由高速增长阶段转向高质量发展阶段，这对区域治理模式提出了新的迫切要求。①

以此为前提，本节论述的法国复合区域治理模式的启示主要有以下几点：

首先，新时代中国的区域治理模式应该从传统单一的中央政府自上而下指令性管理向新型上下结合的复合型治理转变。这种转变意味着针对特定区域的治理主体将得到大幅扩充，可能涉及中央政府、省级政府、地方政府、跨界第三方协调机构、区域企业网络等。此背景下的区域治理手段不能沿用单纯的逐级贯彻、垂直分配和行政区统筹做法，而应该更多地增加水平协调、跨界统筹，以及促进多主体共同发声。

其次，新时代中国的区域治理模式虽然强调了多元主体，尤其是非政府组织和市场的参与价值，但是也必须认识到地方政府、跨界协调机构及区域企业联盟等在引导区域协调发展和协同治理上的局限性和行动能力的有限性，中央政府及省级政府仍应发挥主导性作用。从空间角度来看，中央政府及省级政府在宏观发展战略及区域政策制定、重大资源要素配置等方面的作用无可替代。但同时，中国幅员辽阔，东中西部、沿海及内陆、南方及北方经济社会发展阶段存在较大差异。复合型区域治理手段特别要强调因地制宜，治理模式应该更有侧重。如中国中西部广大地区目前及未来一段时期内仍将处于人口快速城镇化、工业化加速发展及空间增量扩张阶段，这就决定了区域非均衡增长的客观趋势，自上而下的政府引导（包括中央政府、省级及地方政府）在中西部区域治理主体中的作用仍将长期突出。李克强总理提出的"引导约1亿人在中西部地区就近城镇化"②也预示着县域单元主体在区域治理中的地位和话语权得到强化。而像中国东部部分沿海发达地区已经进入工业化后期甚

① 周跃辉.如何理解"我国经济已由高速增长阶段转向高质量发展阶段"[EB/OL].(2018-01-31).http://theory.people.com.cn/big5/n1/2018/0131/c40531-29797885.html.
② 中国青年网.李克强：引导约1亿人在中西部地区就近城镇化[EB/OL].(2014-03-05).http://news.youth.cn/gn/201403/t20140305_4814669.htm.

至后工业化时期，空间发展已经转入存量优化阶段，区域扩散和均衡增长成为未来发展趋势，此背景下的区域复合治理则应该更加强调市场主体的话语权，应更加注重基层村镇联盟和非政府组织主体在治理分工上的积极作用。

再次，中国传统治理模式向复合型区域治理模式的转变必须以放权、分权为基础和重要前提。一方面，区域治理中非常关键的是在放权和分权作用下的市场机制和其在资源配置中基础作用的有效发挥。另一方面，同样重要的还有跨界治理机构的建立和有效运行，其有效运行的核心在于清晰的权责划分和稳定的资金及技术来源，搭建一个跨界的话语平台并促进区域政府与非政府组织间合作伙伴关系的建立是跨界治理机构的核心任务。同时，与分权、放权相适应的财权分配问题在某种意义上决定着区域治理成效，尤其影响地方政府、第三方机构及基层市镇联盟在共同参与治理方面的积极态度和主观能动性。目前中国中央地方财税关系属于"集权分散型"，"集权"指中央政府集中大部分财政收入，"分散"指地方政府承担大部分支出责任。财权上收、事权下放的权力主导型财税体制造成了城市政府的事权和财力不匹配，影响着城市政府的行为方式，是"城市病"的体制性原因之一（林家彬，2012）。

此外，中国区域复合治理协调机制的建立可能需要某种既具法律效力，又体现自发博弈过程的特定区域政治和社会契约。这种契约的建立需要多元主体的共同参与，中央政府、省政府与地方政府可作为契约方，与包括企业、第三方机构及公民在内的非政府组织建立多种社会责权关系，本质是在中央政府分权、放权基础上对各参与主体形成的共识性制度约束和治理分工。这种契约有助于减少放权过程（监管、运行、实施等各环节）中地方与中央、政府与市场之间的矛盾以及制度成本，也有利于改变中国现阶段政府主导、企业自发、第三部门隶属的主体关系，避免制度权力陷阱导致的公众参与流于形式，从而促进多方主体合作伙伴关系的建立，以及公众的监督与被监督机制的形成。其中应重点强化政府与第三方组织及企业网络的合作关系。例如可尝试推动特许经营（郁建兴，楼苏萍，2006），以及通过第三方组织吸纳公民参与政府决策，逐步将第三方组织引入政府官员政绩考核、治理公共行政测评等领域；同时还要大力推动政府与企业及公众的合作关系。在部分涉及公共利益的问题上，政府让渡出职权，通过契约合同，将开发权转渡给企业，只在宏观上进行项目监督和费用检查等，在合同最高终止权归国家所有的前提下，有目标地激发地方企业的开发能动性。

最后，对于多元主体中的政府组织层面，中国可尝试借鉴法国复合区域治理模式的经验，在个别区域的市县级别内试点开展部分市县联盟自治，在不改变既有整体行政体制的基础上，打破传统的中央政府主导、省级政府和地方政府分头治理的模式，逐步推进试点区域行政单轨制向双轨制转变，在法律层面适度扩大市县的区域治理职权，给予其一定的财政支持（如建立相关财政专项资金）。

第二节　德国莱茵—鲁尔区区域治理模式研究

一、莱茵—鲁尔区区域概况

德国莱茵—鲁尔区作为世界著名的多中心区域，其发展与区域协同治理模式已成为多中心城市群区域治理的重要典范。从地理范围上看，莱茵河在德国主要位于北莱茵—威斯特法伦州境内。从空间结构上来看，莱茵—鲁尔区是一个多中心区域，区域内人口约1200万人，包括90余个不同规模的城镇，以多特蒙德、埃森、杜伊斯堡、杜塞尔多夫、科隆和波恩等为中心。该区域城镇沿河流走向略成丁字形布局。作为多中心区域，该区域并未形成类似于美国五大湖地区的区域极核，而是形成了11个区域级的高级中心，每个中心人口达50万～100万人。

莱茵—鲁尔区主要可分为两大产业区——北部鲁尔工业区和南部莱茵河沿岸经济区。北部鲁尔工业区主要包括波鸿、波特罗普、多特蒙德、杜伊斯堡等著名城市。该区域内煤炭资源丰富，交通运输发达，公路交通与铁路交通相互补充。该区以机械制造、钢铁及石油提炼等重化工业见长。南部地区以莱茵河为中心，包括科隆、多恩、杜塞尔多夫等城市，以商业、旅游业、现代金融业等见长。

由于区域多核心的发展模式，区域治理上主要面临州政府[①]希望通过区域协作实现区域复兴与地方政府对自身自治权的考虑之间的现实矛盾。同时，由于煤炭能源逐步被取代及世界其他钢铁出口国的崛起，鲁尔工业区煤炭出口量大幅减少，工业区经济发展面临衰落，迫切需要实现区域整合，在该区域内部建立良好的合作协调治理模式，实现鲁尔区的复兴。

二、区域治理主体及分工

当前，在政府机构设置上，德国莱茵—鲁尔区的空间规划采取联邦政府、州政府、区域政府及地方政府（城市、镇）四个层级的管理模式，对于鲁尔区的整体发展发挥着不同作用，形成四个层面的区域治理分工。联邦政府制定莱茵—鲁尔大都市区规划，州政府负责制定州发展规划，区域委员会制定区域发展规划，地方政府制定土地使用规划和景观规划（见图3-3）。

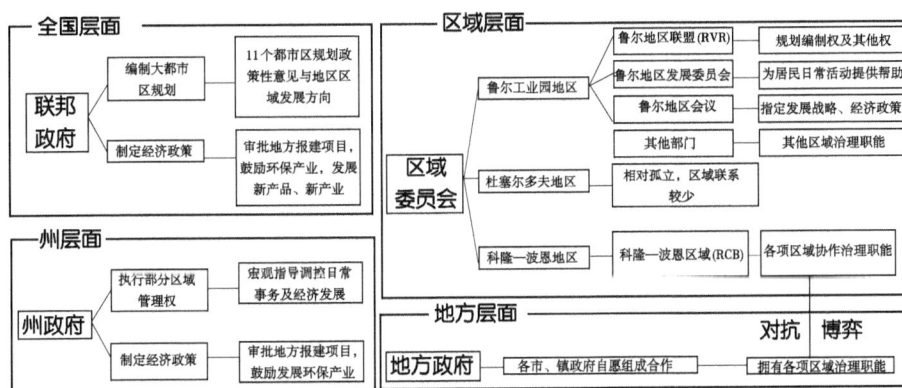

图3-3 德国莱茵—鲁尔区多层次区域协同治理框架

资料来源：唐燕.德国大都市区的区域管治案例比较[J].国际城市规划,2010(6):58-63.

---

① 德国的空间规划体系主要由联邦政府、州政府、区域政府及地方政府（城市、镇）四级组成。

（一）全国层面

20世纪90年代初，德国国内关于联邦体系与国际竞争力的争论促使政府从根本上转变区域政策制定原则，"平等的生存条件"不再适用，转而引入区域竞争机制（Brenner，2000；Heeg，2001）。在此背景下，联邦政府在国家层面将全国划分为11个大都市区①，分别编制11个大都市区的区域规划（Brenner，2000）。

大都市区概念的提出与联邦政府提升国际竞争力的目标紧密相连。莱茵—鲁尔区是联邦境内规模最大的大都市区，紧邻欧洲著名的兰斯塔德大都市区，处在欧洲空间规划中的核心位置。因此，莱茵—鲁尔区的区域治理关乎北莱茵—威斯特法伦州、德国乃至欧洲的发展与转型和国际竞争力提升。

德国联邦政府负责编制大都市区规划。起初，大都市区的概念还比较模糊，加强莱茵—鲁尔大都市区地位和竞争力的优先目标并未成为大都市区规划的主要内容，关于宏观经济政策的部分占了较大篇幅。联邦政府通过制定经济政策，例如税收政策、补助政策等调节莱茵—鲁尔区的产业结构与经济发展模式。现阶段表现为：一是由地方提出项目申请，联邦政府予以审批，审批达标项目可获得联邦政府与州政府的联合资金资助。二是减少对于传统产业门类的资助，加强对于环保产业的资助，并且鼓励地方发展新产品（景跃军，2007）。

（二）州层面

州政府负责编制州发展规划。莱茵—鲁尔大都市区所属的北莱茵—威斯特法伦州政府极力避免州际合作，希望通过州内合作的方式，促进州内发展的激励要素生成，例如城市间商业空间拓展、区域性零售市场、区域性住宅市场或埃姆歇公园（Emscher Park）国际住宅展览（1989—1999）等。同时，州政府下属的四个地区管理部门兼有部分区域发展管

---

① 11个都市区主要指莱茵—鲁尔、莱茵—美茵、慕尼黑、柏林—勃兰登堡、汉堡、斯图加特、哈利—莱比锡—萨克森、莱茵—莱卡、不来梅—欧登堡、纽伦堡、汉若威—布伦瑞克—哥根廷。

理职能，负责调控区域内的日常事务及经济发展。

（三）区域层面

区域委员会制定区域发展规划。从区域划分来看，莱茵—鲁尔区实际包括北部鲁尔工业区、中部杜塞尔多夫及南部科隆—波恩区域。北部鲁尔工业区由鲁尔地区联盟（RVR）组成，该区域治理机构经历由"鲁尔矿区住区联盟"（SVR）向"鲁尔区城镇联盟"（KVR）最终到"鲁尔地区联盟"（RVR）的转变。政府设立鲁尔地区发展委员会，以管理居民日常活动为主要职责，包括建立地区会议制度、制定地区发展战略、研究经济发展规律和确定发展的具体措施（景跃军，2007）。区域委员会的规划编制权历经从有到无再到有的过程，这使得原本职能薄弱的区域机构开始具有区域强力治理的职能。莱茵—鲁尔区的杜塞尔多夫地区相对孤立，与外界联系较少（唐燕，2010）。科隆—波恩地区建立了非正式的区域组织，即"科隆—波恩区域"（RCB）。该组织基于自愿原则建立，其相对其他两个地区有较好的区域合作基础，区域合作和治理的职能也涉及多方面。

（四）地方层面

地方政府主要指该区域90个地方城市及镇政府，由于惧怕自身区域自治权的丧失，地方政府对于区政府及下属的区域组织的政令具有天然的抵触情绪，这刺激地方政府之间采取相对自愿的地方合作行为。例如《鲁尔总体规划（2030）》即由多特蒙德、杜伊斯堡等城市联合编制；《区域土地使用规划》由艾森、波鸿等城市联合编制。在权力和利益上，地方政府存在与区域政府及组织的强力博弈。

三、莱茵—鲁尔区域治理模式小结与启示

多中心城市区域协同通常支持这样一种假定，即城市之间存在互补与合作关系，通过区域协同使得区域整体效能大于各部分累加之和。

莱茵—鲁尔区的空间规划由四个层面的政府管理。联邦政府层面基

于欧洲空间规划和大都市区概念。州政府规划基于传统的中心地与廊道概念（MURL，1995）。地区委员会与地方政府密切合作，通过对居住和工业用地的需求预测及与各政府机构的协商，为地方政府划定可开发区域。最后，地方政府制定自身的用地规划。

总体而言，德国莱茵—鲁尔区域多中心协同治理尚未形成良好的可供直接参考的运作经验。在治理上，形成了区域、次区域及地方层面的治理层级及政府机构、公共部门与私人部门、非正式区域组织及群众多元参与的多中心区域治理模式。然而，由于不同层级政府利益的不一致性，大量区域政策缺乏执行力，实施资金的匮乏亦导致大量区域政策"流产"。但是，建立正式区域组织来指定区域规划等政策、发挥非正式的地方合作作用、形成多部门广泛参与的区域治理、变垂直治理模式为多元参与的横向治理模式仍是该模式提供的宝贵经验。

第三节　荷兰兰斯塔德地区区域治理模式研究①

一、兰斯塔德区域概况

兰斯塔德地区是位于荷兰西部，由阿姆斯特丹、海牙、鹿特丹和乌得勒支四大核心城市及众多小城市组成的多中心都市群。兰斯塔德"绿心"是被城市群环绕的绿色开放空间，位于兰斯塔德都市群中央，约400平方公里的农业用地构成"绿心"的主体空间。"绿心"除跨越上述4个主要城市之外，还涉及阿尔梅勒、代尔夫特、多德雷赫特、豪达、哈勒姆、希尔弗瑟姆、莱顿祖特尔梅尔、武尔登及阿尔芬等9个小城市。

荷兰从20世纪50年代末开始由中央政府通过国家空间规划对兰斯塔德中央农业绿地进行保护，之后逐渐建立了协调城镇发展及"绿心"保护的区域性联合机构。该机构最早由非政府组织构成，包括："绿心"筹

---

① 该部分由张衔春，龙迪，边防.兰斯塔德"绿心"保护：区域协调建构与空间规划创新[J].国际城市规划，2015(5):57-65.一文修改而得。

划指导委员会、兰斯塔德规划咨询机构、兰斯塔德地区代表团等。之后，政府组织出现，诸如兰斯塔德委员会、"绿心"平台等，后者由国家、省政府、4个核心城市的相关行政机构共同组成。

20世纪后40年间，在以空间规划为导向的国土开发战略影响下，荷兰中央政府五次推出国家空间规划对兰斯塔德"绿心"实施保护，避免其沦为短期利益的牺牲品，力图在区域内保留相对完整的开敞空间，使之成为世界城市群中具有鲜明多中心网络型治理特征的代表区域。

兰斯塔德地区多中心网络化的城市群空间组织理论研究成果丰富，而关于兰斯塔德中央"绿心"的研究尚不多见，对区域协调与空间规划方法创新的研究更是极度缺乏。王晓俊和王建国（2006）指出，"绿心"面临着城市空间拓展、农业规模化经营、不同城市管理权限冲突等一系列现实压力，他们还介绍了"绿心"保护中的一系列措施，如建立区域联合机构、明确空间规划并具体化、增强保护政策弹性等。也有学者认为，"绿心"的实质不是单纯的绿色空间，进而对"绿心"空间的地形、生态、水文地质、基础设施和人口要素进行深刻剖析，指出"绿心"具有公共空间属性，必须实现系统化和公众化（谢盈盈，2010）。笔者通过对兰斯塔德"绿心"保护过程中区域协调政策与五次空间规划方法创新进行分析归纳，对中国跨区域的政府协调与空间规划创新提出若干建议。

二、兰斯塔德"绿心"变迁历史

对兰斯塔德"绿心"的规划始于1951年，之后屡经变迁，在经过五次重大空间规划的结构性调整后形成现状。

在"绿心"保护形成期，荷兰政府提出对"绿心"开展的"绝对保护"具有严重的理想主义色彩，以求获得保留完整的区域公共开放空间。20世纪60年代，由于区域发展面临城市建设空间无限扩张的压力，荷兰政府的理想主义规划方案与现实发展制约因素相结合，"绿心"保护进入寻求保护与发展之间平衡的探索期，随之提出的"紧凑城市"方案逐步在区域发展中发挥积极作用。90年代，经济全球化和欧洲一体化进程加快，荷兰政府为适应国际竞争需要，适时提出"城市网络"策略，力图融入欧洲发展网络，提高兰斯塔德的国际竞争力。进入21世纪后，规划加强了对欧洲尺度层面的考量，兰斯塔德以"三角洲大都市区"的全新形象积极参与国际竞争，"绿心"保护在发展中稳步推进。

（一）兰斯塔德"绿心"保护形成期

对兰斯塔德的研究最早可以追溯到1951年，荷兰重建和住房部预见到人口高度集聚将引发重大城市问题，决议成立国家西部工作委员会，着手研究西部地区空间现状和问题。此后，委员会发布《荷兰西部的发展报告》，指出国家政府应继续坚持发展区别于伦敦和巴黎城市空间形态的分散型区域空间形态，以此将自然空间与人居环境紧密结合，为居民提供优越的居住环境。同时，通过限制大城市扩张来迎合其他新城镇的发展。根据该理念，报告富有灼见地保留地区中间相对开放的空间，即"绿心"，并且提出对该区域实施严格的保护策略，"兰斯塔德"（Randstad）的概念得以延续，并在之后的五次国家空间规划中进一步加强。

（二）兰斯塔德"绿心"保护探索期

1960年，由于区域发展面临的城市建设空间无限扩张压力，荷兰第一次国家空间规划将重点放到区域分散发展，将西部城市群视为整体，保留"绿心"，分散工业布局。虽然充满争议，但首次规划提出的"绿心"理念在此后的规划中一直延续下来。第二次规划提出极核式扩散，"绿心"理念得到强化。但由于缺乏配套的执行工具，实际效果有限。第三次规划时期，区域平衡增长成为政府的关注点，规划提出了"紧凑城市方法"（compact city approach），在建设压力下保护"绿心"，成为影响之后二三十年荷兰区域发展的重要政策。

（三）兰斯塔德"绿心"保护发展期

第四次国家空间规划出于提升区域国际商业竞争力的目的，明确提出兰斯塔德城市的特定功能配置，但是其对地区发展严格约束导致地方政府消极执行。伴随政局变动，该规划最终以失败告终。

第四次国家空间规划修正案和反思版的规划理念中出现了重视欧洲和网络特质的倾向，为第五次国家空间规划奠定了基础。2000年底，第五次国家空间规划把荷兰的国际竞争力紧密地嵌入欧洲的发展网络中，突出区域和地方合作提升国际竞争力，"三角洲大都市"（Delta Metropolis）成为兰斯塔德打造的国际竞争新形象。从第五次空间规划中可以看出，兰斯塔德"绿心"概念的提出与区域竞争力的诉求在规划层面存在此消彼长的关系。尽管如此，"绿心"理念在半个世纪里被保存下来，并通过区域协调和空间管制的平衡作用成为在现实压力面前区域空间形态的理想模式。

三、兰斯塔德"绿心"保护：区域协调

荷兰国家层面的区域协调框架包括区域协调主体、区域协调机制和区域协调政策三部分。区域协调主体是外在基础，区域协调机制是内涵动因，区域协调政策是主体内容（见图3-4）。在区域协调框架下，区域协调具备五个特色，即空间和土地利用协调、生态和环境保护协调、基础设施建设协调、产业和经济发展协调及居住和公共服务协调。区域协调以内涵式的可持续发展作为提升区域国际竞争力的核心手段，以可持续性为主要协调目标，着重突出生态环境保护。兰斯塔德"绿心"已经作为提升区域环境品质的重要开放空间，被上升到战略层面予以研究。

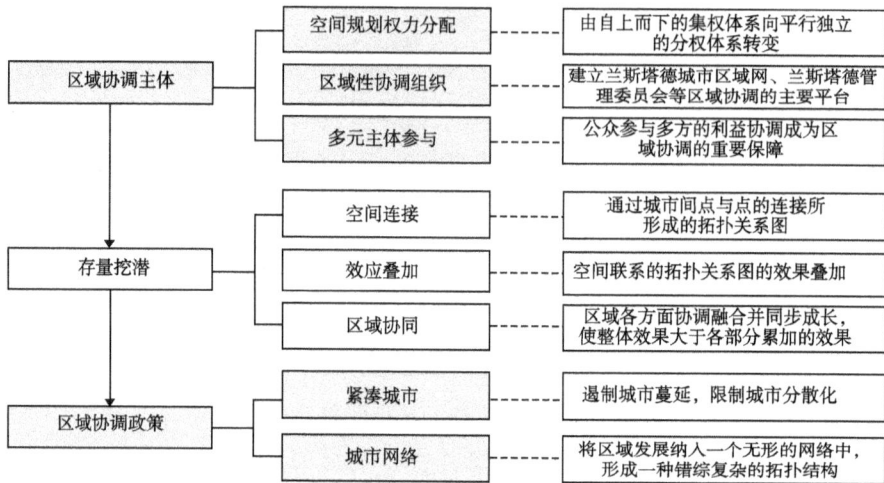

图3-4　荷兰区域协调整体框架

（一）协调主体的建构：政府主导下以区域组织为平台的多元参与制度

区域协调主体包含国家、省和市镇政府及所构成的区域协调组织，同时，适时把企业等私营部门及公众纳入，共同参与区域政策制定和实施，形成政府主导下以区域组织为平台的多元参与制度。

1.空间规划权力分配由集权向分权转变

中央与地方利益从根源上具有不一致性，中央政府着眼于全局利益，关注国家层面的空间开发，负责制定空间发展战略规划，引导地方政府的城市开发。地方政府则更关注地方利益诉求，试图通过城市开发提升地方竞争力。不同出发点导致了中央和地方的利益博弈，规划由于地方政府的消极实施而沦为一纸空文。其中典型代表就是第四次国家空间规划对各城市职能的定位与地方政府对城市多样性的追求大相径庭，导致规划未能有效执行。这次教训让荷兰政府充分意识到规划需要得到参与各方的充分支持才能实现，而信任将是规划顺利、快速实现的先决条件。为此，荷兰政府于2008年开展地方政府空间规划体系改革，建立起中央与地方合作共赢的新机制。

2008年改革前，荷兰各级政府的规划是自上而下的权力集中。中央政府负责制定全国性的空间发展战略规划，并与欧洲空间规划相协调；省政府基于中央政府决策，负责拟定本省的政策，政策核心理念将融入区域与省域规划中；市政府则负责制定地方规划，制定本市的区划规划是规划工作的核心；市级参议会负责拟定土地使用规划，展示土地的使用状况及将要建设或正在建设的建筑，该规划必须通过省级政府的批准。

2008年改革后，荷兰政府将中央和地方政府的利益厘清，从而使自上而下的空间规划编制过程演变为各级政府平行构建各自的结构展望，并将各级政府利益整合为一个规划。在此分权制度下，荷兰政府搭建了一套区域协调体系，体系下由国家、省和市镇政府各方制定相关政策（见图3-5）。正如荷兰原住房、空间规划与环境部（现荷兰基础设施与环境部）国土规划司[①]司长汉克·欧文科（Henk Ovink）在谈及"兰斯塔德环型城市远景"时所强调的"广义的联合与合作关系"，唯有在规划过程与规划内容上建构起有广度和深度的合作关系才会使整体的远景规划有被实现的可能（王秋元，2009）。

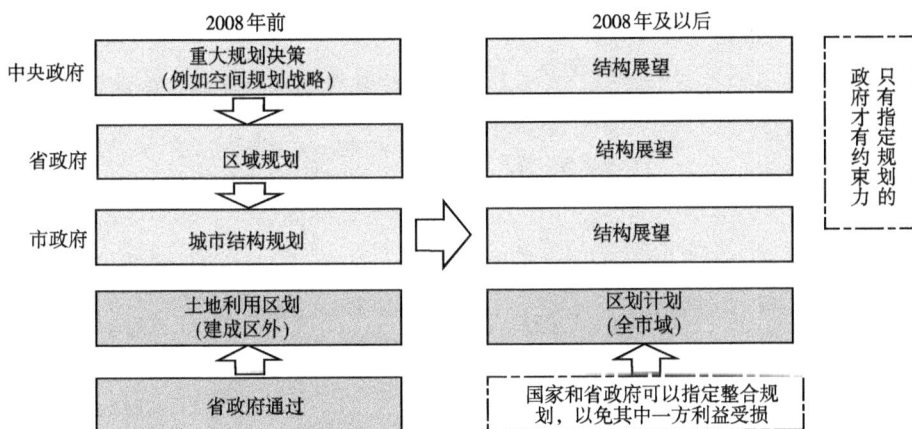

图3-5 荷兰政府和空间规划体系演变

资料来源：MLIT. An Overview of Spatial Policy in Asian and European Countries[R/OL]. (2015-05-15).http://www.mlit.go.jp/kokudokeikaku/international/spw/general/netherlands/index_e.html.

---

① 荷兰住房、空间规划与环境部于2010年解体，而后重组为荷兰基础设施与水管理部。

2.区域性协调组织建构主要平台

1985年，伴随第四次国家空间规划的颁布，荷兰开始逐渐成立区域性协调机构。当时的区域协调组织基于第四次空间规划提出的"紧凑城市"方法，从单一城市考虑城市空间形态问题，严格控制开发维持城市紧凑形态。这对阻止郊区城市化起到了作用，但却忽视了地方政府的发展意愿。因而，1990年后区域协调组织转向建立"城市网络"，即基于城市群空间形态组织功能网络形成与之一致的区域协调机制。兰斯塔德区域（Randstad Region）、兰斯塔德管理委员会（Administrative Committee Randstad）、"绿心"平台（Greenheart Platform）、三角洲大都市联合会（Delta metropolis Association）等协调组织在此背景下成立（Lambregts，Zonneveld，2004）（见表3-7）。

表3-7 兰斯塔德区域重要的区域协调组织信息

组织	成立年份	组成	主要职责	实施效果
兰斯塔德区域	1991	南荷兰、北荷兰、乌德勒支和弗莱福兰	协商和政策协调对外宣传，强化兰斯塔德职能	与兰斯塔德其他协调平台一起发挥了区域协商和协调作用，使区域政策得到贯彻
兰斯塔德管理委员会	1998	中央政府、兰斯塔德四省、兰斯塔德四大城市（阿姆斯特丹、鹿特丹、海牙、乌德勒支）和各自都市当局	咨询机构、最初协调中央政府在兰斯塔德的空间投资，后来也讨论兰斯塔德空间规划第五次政策文件	通过协调区域战略空间议题和投资配额，提升政府间补贴协调效率，强化了区域空间经济结构
"绿心"平台	1998	国家相关部委、省政府、环绕"绿心"的4个主要城市及其市政部门与相关团体	做好对"绿心"的保护及国家政策的执行与监督工作	限制"绿心"内的开发项目，提升了"绿心"景观环境品质，保护了"绿心"生态
三角洲大都市联合会	2000	兰斯塔德四大城市和越来越多的其他城市地方议会和利益集团	促进兰斯塔德向三角洲大都市转型，通过发起研究和设计活动，游说、充当智囊团，鼓励以兰斯塔德为基础的地方合作	成功争取了兰斯塔德四省组成兰斯塔德区（三角洲地区），并使其共同接受三角洲大都市远景展望

资料来源：Lambregts B, Zonneveld W, 2004. From Randstad to Deltametropolis: Changing attitudes towards the scattered metropolis[J]. European Planning Studies, 12(3): 299-321.

3.多元主体参与构筑起重要保障

兰斯塔德区域协调建立在多元主体参与的基础上，公众参与在协调多方利益并推动规划实施上发挥了重要作用。荷兰相关法律规定了区划的制定和修改需要得到广大民众的参与，对于公众的各种发言、讨论、质疑，政府要做解释和宣讲（维辛克，2002）。荷兰法律对规划的修改过程中要求规划的利益方都参与其中，最终的规划是兼顾各方利益的结果。如果区划修改直接影响到某些公民的土地权益，公民有权利提起诉讼并在法官审查通过后获得相应赔偿；如果修改区划导致公民利益受损，那么公民可以获得政府的全部补偿。兰斯塔德的实践证明，唯有使利益相关方参与到政策制定和实施的全过程中，才能够有效实现政策的既定目标。

（二）协调机制的演化：空间联系基础上的效应叠加与区域协同

兰斯塔德区域协调机制是在区域内各城市空间联系的基础上实现的（见表3-8）。空间联系生成拓扑状城市空间形态，由此产生了区域内的空间、经济、社会和文化多层面的效应叠加，促使形成区域内的互动交流势能，推动区域协同发展。

表3-8　兰斯塔德区域协调机制的特征、策略与效果

机制	特征	策略	效果
空间联系	通过城市间点与点的连接所形成的拓扑关系图	基础设施共建共享协议；完全市场开放；提供政策优惠	形态方面，由单一城市为主的多中心结构转变为网络化城市空间形态；功能方面，区域内部要素自由流动，联系紧密程度极大提高
效应叠加	空间联系的拓扑关系图的效果叠加	区域整合性合作模式；强大组织能力；战略网络；信任制度	将挑战转化为区域发展机遇，推动区域竞争力提升，实现区域发展突破
区域协同	区域各方面协调融合并同步成长，使整体效果大于各部分累加的效果	多学科交叉研究手段；开放式对话平台	推动区域在空间、经济、政治、社会和生态等多层面的协调与融合；共同制定区域发展目标、政策和规划，协同行动、计划和安排，实现区域高度一体化

1. 空间联系

通过城市间点与点的连接，一张联系各城市、反映区域内部联系的拓扑图形成，区域由以中心城市为主体的多中心结构转变为网络化的城市空间形态。兰斯塔德目前形成了多中心互补，大、中、小城市分工合作的城市群网络结构。在此网络化的城市空间形态上，兰斯塔德形成三个层次的空间结构：①四大城市和周边10个城市之间的合作平台，包括交通、住房、就业、经济事务和福利事业等，更小尺度的城市之间也存在相同的合作网络；②北部和南部的城市组群之间的合作网络；③整个区域尺度下的多个合作网络（李国平，2012）。在整个城市网络结构中，组成了依托海牙、阿姆斯特丹、鹿特丹和乌特勒支4个大城市的不同规模的次生城市群，并形成了四大次级城市群环绕的天然的"绿心"开放空间。

新型城市空间网络结构通过重大交通干线实现空间连接，并且在区域协调组织的作用下，国家、省、市镇政府及私人团体能够达成区域性基础设施共建共享协议，并采取完全开放市场、提供政策优惠等措施，促进区域内部要素的自由流动，联系紧密度极大增强。

Lambregts等（2006）通过对兰斯塔德12个城市的空间联系度的量化分析发现，兰斯塔德的阿姆斯特丹、鹿特丹、乌得勒支和海牙4个城市的区域联系度与国内联系度远高于其他8个中小城市，4个城市在区域和国内占据中心地位。阿姆斯特丹和鹿特丹这两大城市的欧洲联系度和全球联系度远高于其他10个城市。阿姆斯特丹和鹿特丹是荷兰的两大世界城市，相较于阿姆斯特丹的欧洲航空中心地位，鹿特丹在港口运输方面优势明显（见图3-6）。

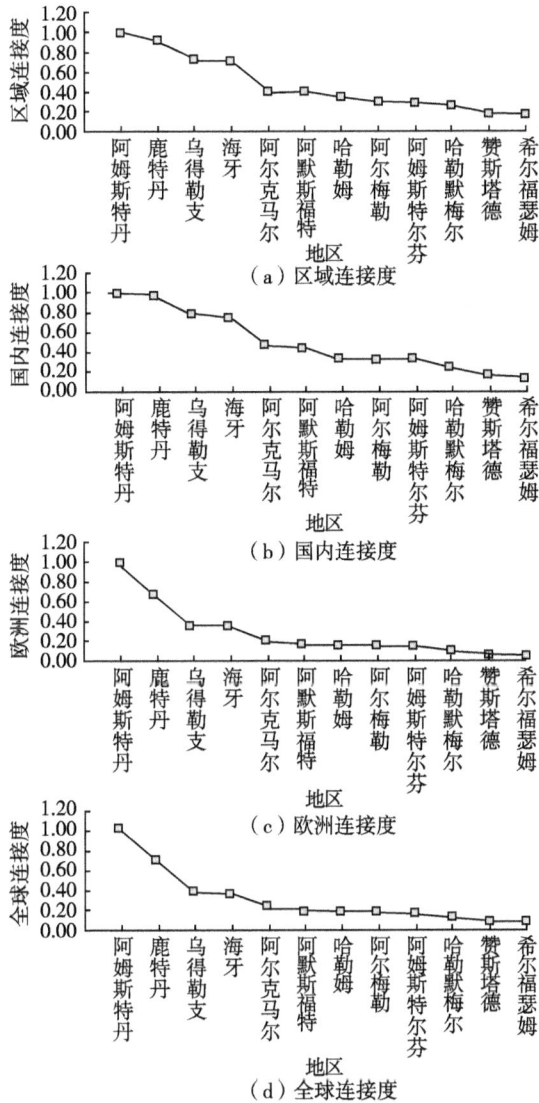

图3-6 兰斯塔德各城市联系网络

资料来源：Lambregts B, Kloosterman R C, Van Der Werff M, et al., 2006. Randstad Holland: Multiple faces of a polycentric role model[M] // Hall P, Pain K. The Polycentric Metropolis: Learning from Megacity Regions in Europe. London: Earthscan: 137−145.

2.效应叠加

效应叠加是指各城市间点与点连接关系的拓扑图叠加，可以冲抵可能会给区域带来不利影响的因素，将区域原有的挑战转变为机遇。区域内建立起来的"城市网络"犹如一张保护网，外部对区域某一部分的冲击存在一个缓冲空间，促使区域内部运行机制进行主动、积极的调整，采取应对策略将挑战转化为区域发展机遇，从而提升区域竞争力。

这种效应叠加需要良好的信任度和透明度，提升区域边际消费倾向，使得兰斯塔德的各省、市镇政府和私人团体在良好的开放共享氛围中积极采取行动（陈雅薇，维格曼斯，2011）。兰斯塔德内部通过强大的组织能力建立起区域整合性合作模式和战略网络，共同承担风险，分散外部挑战对区域局部的冲击，通过区域内部资源整合，使国家、地方政府和私人团体通力合作来应对挑战，将挑战转变为现实机遇，实现区域发展的突破。例如，高速铁路等交通运输技术进步曾对兰斯塔德"绿心"构成威胁，因为发展高速铁路将会严重分隔"绿心"，破坏沿线景观生态。在各部门强有力的合作上，通过在"绿心"采用7公里长的地下线路方案成功解决了生态保护难题，也促使兰斯塔德地区更快地融入欧盟的核心空间（王晓俊，王建国，2006）。

3.区域协同

区域协同是指区域各方面协调融合并同步成长，使整体效果大于各部分累加的效果。兰斯塔德地区通过区域协同优化与整合各方面的资源，从而推进区域整体效能的全面提升。

基于区域发展的多个利益主体，荷兰政府开展的城市规划、城市经济、公共管理、房地产与土地开发等多学科交叉融合的研究将会有助于推动区域在空间、经济、政治、社会和生态等多层面的协调与融合。例如，城市开发不仅涉及空间形态设计，还包括开发过程与管理、收益与成本、生态与环境影响等多方因素。另外，建立旨在协调各方利益的开放式对话平台，通过共同制定区域发展目标、政策和规划，协同行动、计划和安排，实现区域高度一体化。在兰斯塔德区域内，阿姆斯特丹和鹿特丹间的办公网络联系系数最高，表明在区域内的城市空间联系的客观条件下，阿姆斯特丹和鹿特丹存在的商业机会最大，最能够吸引大公司入驻和高层次人才就业，决策者可据此协同区域内城市开发项目和管理进程，提出在保护兰斯塔德"绿心"的前提下的可行方案（Lambregts et al.，2006）。

（三）协调政策的更替：从"紧凑城市"过渡到"城市网络"

兰斯塔德区域政策制定深受由来已久的框架影响，框架包括符合宪法的结构和正式的政府组织及非正式的构成政策制定的关联、规程和程序（Hendriks，2006）。在此框架影响下，兰斯塔德区域协调政策经历了由"紧凑城市"向"城市网络"的转变。

1. 紧凑城市

荷兰第四次国家空间战略规划确立了"紧凑城市"策略。"紧凑城市"政策包括以下标准供都市区内的新城区选择：

- 缩短到主要城市中心的距离；
- 确保自行车和公共交通良好的可达性；
- 尽可能保持开放空间城市化的自由度；
- 给混合使用开发以优先权，包括娱乐设施、产业和办公；
- 提供健全的财政基础（包括私人金融和国家财政）。

"紧凑城市"政策的第一步是把蔓延式的分散化发展形态植入有限的新城中，而在"绿心"内遏止城市蔓延；第二步是整体上限制城市的分散化，而推进在兰斯塔德内邻近或位于大中型城市内的新城的发展。

政策实施几十年来，从实施情况看，"紧凑城市"策略是成功的。兰斯塔德得益于政策的保护，新城发展中城市蔓延得到遏止，新城"绿心"很大程度上仍然保持着农业和休闲空间的主导地位。但是，"紧凑城市"策略只能在几十年间许多特殊环境占优的情况下得到实现。其中关键因素是中央集中的税收系统，使得被转给市政当局和市民的分享收益是根据需要而非基于税收生成的。而另外两个关键因素——住房政策和土地政策，却有着重大调整，这些改变足以削弱中央政府今后执行"紧凑城市"政策的能力（Van der Burg，Dieleman，2004）。

2. 城市网络

1990年后外部竞争压力增强，荷兰政府必须实现政策转向和管理思想转变，通过协调机制作用把挑战转化为提升自身竞争力的重要机遇。随后，荷兰的政策导向确立为积极融入欧盟来参与国际竞争。城市紧凑和开放空间保护策略被"城市网络"的新概念所取代。同原有的"紧凑城市"策略相比，"城市网络"结构把区域发展纳入一个无形的网络之中，形成了一种错综复杂的拓扑结构（Hajer，Zonneveld，2000）。由于兰斯塔德区域内的"城市网络"结构，政府和市场需求之间合作的发展需要采取多学科手段和开放式对话来实现。

实现政策转变的主要原因包括：

- 大多数都市区作为规划单元尺度过小；
- 作为组织原则的公共交通不足；
- 大都市区消耗了过多开放空间且向缺水地区扩展；
- 社会的发展以"网络基础"为导向而非根据"地缘"关系；
- 国际竞争有利于大都市区而非小城市（Van der Burg，Dieleman，2004）。

第五次国家空间战略规划指出"城市网络"是呈现出大大小小的紧凑城市网络形态的高度城市化地区，在网络中每个城市都拥有各自的特点和轮廓。该政策并没有将计划蓝图植入网络，构成网络主体的市政当局需要搁置竞争，在协商中制定空间规划。"城市网络"大于都市区内各部分的叠加，有利于发挥区域的协同效应，强化地区间的合作机制，构建涉及多个空间尺度的合作网络。

荷兰政府为确保规划正确施行，采用了最为严格的规划控制制度，制定了一系列的区域协调法律作为基础保障，使规划能够在执行中得到贯彻落实，这些区域协调法律对兰斯塔德"绿心"保护产生了深远的影响。

兰斯塔德的"绿心"能够以其独特的空间形态在区域规划中独树一帜，与其良好的法律保障密不可分。首先，荷兰是国际上法律体系最为健全的国家之一，其完善的法律体系为开展区域协调奠定了良好的制度基础；其次，荷兰的区域协调法律对规划实施的强制性做出了明确规定，保障规划顺利实施；最后，荷兰对城市开发高度重视，任何城市建设领域的活动均有法可依。

四、兰斯塔德"绿心"保护：空间规划创新

兰斯塔德"绿心"保护在空间规划以全新人居环境为建设目标。荷兰空间规划对兰斯塔德地区的定位屡次变动，开始之初是欲使兰斯塔德在国家空间中发挥核心作用；后来的空间规划则更重视国家均衡增长。空间规划定位改变表明国家对兰斯塔德区域规划进入新的发展阶段。

（一）旧版规划：新概念——在探索中找寻路径

20世纪50年代，西欧主要大城市借助战后重建实现城市空间重构。伦敦、巴黎等欧洲大都市普遍采取单中心发展战略。此后，交通拥堵、环境破坏问题逐步暴露出来。

基于对伦敦大都市区单中心结构所引发的城市问题的反思，荷兰规划机构在国家空间战略规划制定过程中提出对兰斯塔德地区的中心地带采取绝对保护的策略，以使兰斯塔德的4个中心城市——阿姆斯特丹、海牙、鹿特丹和乌得勒支，能够围绕中心开放空间形成多中心的城市群，从而直接避免其陷入单中心结构城市问题的泥淖（Storm，Holland，2004）。中心开放空间即后来提出的"绿心"，都市区因此得以由"绿心"承担起各大城市之间的缓冲功能。该规划因此被称为"具有可持续发展价值的围合'绿心'的大都市区规划"。

"绿心"已成为当代研究大都市区空间形态的经典案例，但是在规划初期，这个充满理想主义的规划方案遭到公众的质疑。当时的人们普遍认为战略规划没有与国外大城市和国内广大的偏远地区相结合。由问题出发，规划在探索中找到兰斯塔德多中心大都市区多中心结构的优势和

劣势的平衡点，以同其他大都市区展开竞争，并在后来的新版规划中予以体现。

（二）新版规划：新技术——在问题中抓住方法

21世纪以来，荷兰空间发展规划逐步重视欧洲尺度下的区域发展，努力提升大都市区的国际竞争力。在兰斯塔德规划的整体发展过程中，决策者越来越需要找到理想和现实的平衡点。

新版规划一改既往的以"红—绿"区分城市和乡村的单维形态规划，因为从功能角度看这种区分会限制空间功能。新版规划第一次把"绿—蓝"结构和城市结构结合起来，因为这两种结构都有自身的推动力、机遇与挑战（Van der Burg，Vink，2008）。"绿—蓝"结构的提出把绿色开敞空间和水系作为独立的空间要素进行保护。新的居民点建在中心城市周围以保护珍贵景观资源。结合蓄水地的保护可以保证建成区与自然地的永久分隔，因为市场对滨水区住宅的重视将会促进水系岸线景观的保护，而政府职能可转向发展"绿—蓝"三角洲和加强地区联系。

（三）展望规划：新图景——全新人居环境的呈现

2010年荷兰政府内阁重组，新内阁趋向于激进的分权和撤销管制规定，政府财政预算规模缩减（例如停止了城镇化补贴），在基础设施和空间规划的国家政策战略中，对国家空间规划收益的转移支付减少。物质领域（规划、自然与基础设施）的整个立法体系的激进性转变正在酝酿中。住房、空间规划及环境部被拆分组成新的基础设施与环境部，空间规划司被新的指导全局的空间规划与水管理机构所兼并，空间规划在部门名称当中不再可见。

国家空间战略政策及增补项在2012年出台的文件《基础设施与空间规划国家政策战略》（"National Policy Strategy on Infrastructure and Spatial Planning"）中被压缩，文件包含了所有的国家交通政策及简化的空间规划，这种结合是一种显著的创新（Boeijenga，Mensink，2008；Hans van der Cammen et al.，2012）。

　　在这项新的政策战略实施进程下，展望规划呈现出全新的人居环境图景，它不仅重视利用人居环境的质量，还把相邻开敞空间的质量纳入考虑范围。总体上看，由于城市增长、交通拓展和高强度土地利用，人口集聚中心的城市建成区通常伴随着巨大的环境压力而迅速扩展。在城市环境无法依靠优化自身质量获得持续发展的时候，相邻的开敞空间质量则发挥主导作用，因为在高密度的人口聚集区，没有可持续的开敞空间就没有可持续的城市发展。

　　因此，展望规划的"绿心"概念一方面创造了与之适应的壮观的区域景观塑造，使其能够包容大都市区的城市化；另一方面也催生出与之相适应的由国家、省和市政府共同参与的区域协调机制。"绿心"呈现出一个潜在的与大伦敦"绿环"等效的巨型中央公园，使得兰斯塔德在大都市区尺度下成功地把休闲游憩区和集约专业化的发达农业区等多种功能结合起来。出于对"绿心"的保护，兰斯塔德的休闲游憩区建设即使计划有必要的投资支持，仍然进展迟滞，实施起来相当困难。

　　尽管如此，欧盟共同农业政策（Common Agricultural Policy，CAP）[①]已经进入高级阶段，意味着在范围和财政资源方面，有一项涉及加强农村发展政策的全面而基础的改革，从而影响到"绿心"地区的潜力和政策，同时使开放空间的城市化成为整合规划政策进程的主题。这部分的政策内容将主要由对"绿心"拥有地方司法权的南荷兰省和乌得勒支省决定（Storm，Holland，2004）。

　　规划的实施归根于"绿心"内的省政府和市镇当局致力于区域政策协调。"绿心"的设计质量区划被称为"提供共同开发导则的第一步"。紧缩的城市化，主要涉及斯科普和列登地区，以协调斯科普国际机场的扩建。而在"豪达—鹿特丹—祖特尔梅尔"组成的三角区，正在实施一项多样而复杂的发展规划，它能够把园艺业和生活区发展中新的大尺度

---

① 即欧盟共同农业政策，它是于1962年欧共体通过的"建立农产品统一市场折中协议"的最初框架下形成的，其政策基于农业和乡村发展两大支柱，旨在通过降低成本保障欧洲农业的国际竞争力，控制农产品生产和财政预算开支的过度增长，进行国土整治和环境保护，促进农村发展等。

功能与不同水体及土壤条件结合起来（Storm，Holland，2004）。

五、兰斯塔德"绿心"：经验借鉴

（一）国际影响

兰斯塔德规划对欧洲规划思潮产生了广泛而深刻的影响。在大部分欧洲城市看来，兰斯塔德规划属于超前规划。同时，由于兰斯塔德处于欧洲空间规划的核心区位，其大都市区空间形态的特殊性在区域范围内具有强大的影响力。现在的欧洲空间规划很大程度上是欧洲各国在相互借鉴、认真反思中不断完善而逐步形成的。兰斯塔德规划为欧洲空间规划注入了新思想、新活力。

兰斯塔德对全球区域规划产生的影响在于它所提倡的全新的区域空间形态，反映出对传统区域空间规划潜在问题的新探索。兰斯塔德是"绿心"环形大都市，是由四个核心城市和若干中小城市环绕区域空间内的公共开敞空间所组成的多中心城市群。欧洲其他大都市区如伦敦、柏林等的区域规划则是环形绿带包围着的单中心城市群，哥本哈根则是指状廊道发展并有多条绿带楔入城市，在如何在以线性空间为主导的城市群中有效实施空间管制、区域协调方面，兰斯塔德开创了先例。

（二）国内借鉴

中国当前以区域规划为导向的区域发展战略是通过管控政策和平衡增长政策实施有效的区域协调发展。中国区域规划的实质是国家层面的空间规划。在经过多次经济结构调整后，其现实地位得到确立。纵观中国区域与城市群规划，兰斯塔德"绿心"规划所体现的思想精髓对中国不同层面的区域规划有着重要的借鉴意义，例如《长株潭城市群区域规划》就形成了以长沙、株洲和湘潭三市所围合的公共开放空间为主体的区域绿心，并且实行严格的管控与保护。

长株潭城市群在空间形态上属于组合多中心城市群，三个中心城市围合成的绿心是以农田、林地和水域为基底的一个绿色空间。长株潭城市群的绿心保护从区域协调方面突破行政障碍，以省政府主导三市编制区域城乡建设规划，开展区域生态环境整治，推进区域基础设施建设，建立区域规划协调实施机制。

长株潭绿心保护的根源问题也不容忽视，如：绿心空间不断遭受蚕食、绿心规划与相关规划矛盾重重、三市调整绿心规划意愿强烈、分市建设投资导致基础设施难以推进及尚未建立完善的生态补偿机制等。绿心蚕食反映出发展与保护的矛盾，荷兰空间发展规划致力于维持二者之间的平衡，采取的紧凑城市、城市网络战略对中国有一定的借鉴意义。可见，通过对空间向心力的合理引导，避免绿心建设填充，是绿心环形城市群发展需要极力注意的。《长株潭城市群规划》由此提出针对性的发展策略，主要涉及建立区域生态补偿机制、基础设施区域协调机制、适时评估绿心总体规划实施绩效和创建跨区域的空间管制实施等方面（见表3-9）。

表3-9　兰斯塔德空间规划和长株潭城市群规划比较

条目		兰斯塔德地区	长株潭城市群
现状概况	总面积/km²	10880	28088.1 核心区：8848.2
	其中：绿心面积/km²	约400	522.9
	人口数量/万人	约720（2006年）	1384（2010年）
	人口密度/（人·km⁻²）	约662	492.7
区域协调	区域协调主体	政府主导下以区域组织为平台的多元参与制度	地方政府主导的集权制度
	区域协调机制	空间联系、效应叠加和区域协同	生态补偿、基础设施区域协调和跨区域空间管制
	区域协调政策	紧凑城市、城市网络	区域协调保障政策
空间规划	空间规划定位	具有国际竞争力的绿心大都市区	确保城市群生态安全的生态屏障和具有国际品质的都市绿心
	空间规划策略	"绿心"保护、"蓝—绿"结构与城市结构相结合	高端占领、主动保护；创新发展、整体提升；资源整合、城乡统筹

资料来源：湖南省长株潭"两型社会"建设改革试验区领导协调委员会办公室.长株潭城市群生态绿心地区总体规划（2010—2030）[R].2012.

六、兰斯塔德区域治理模式小结与启示

兰斯塔德"绿心"规划为人类展现出一幅人居环境的新图景。在大都市区域尺度下保留大片开敞空间是偶然还是必然？由以下四个方面可以看出兰斯塔德"绿心"规划所做的创新：

首先，兰斯塔德"绿心"是人类对大都市区域尺度下人居环境的有益探索。荷兰国家规划机构从一开始即对现存的大都市空间环境中固有的人居环境空间形式产生怀疑。

其次，兰斯塔德"绿心"是多行政单元大都市区行政管理机构协调运作制度的创新。荷兰从国家到地方各级政府的区域协调是促进"绿心"保护的坚实保障，层层政策和法律的嵌套配合，促使大都市包围的开放空间得以留存，而公众参与则进一步加强了其保护作用。

再次，兰斯塔德"绿心"是人类对大都市区域尺度空间环境管理技术的创新。荷兰规划管理技术跳出原有的"红—绿"结构，将"蓝—绿"结构与城市结构相结合，体现了从规划手段上把城市与乡村的对立形式转变为自然、乡村和城市融合统一的新格局。

最后，大都市区空间规划的创新在不同地域空间上推动人居环境向前发展，为大都市区人居环境形态的地域适应性研究开辟新道路。兰斯塔德"绿心"形态被世界其他地区大都市区规划所借鉴，反映出人居环境形态在全球的扩散，并促进了各地区"绿心"研究的本土化。

兰斯塔德空间规划所体现的即荷兰空间规划思想的本质内涵，空间规划是在政府主导下由住房、空间规划与环境部负责编制的法定规划。空间规划编制过程严格按照法律要求做到公开、透明，使得荷兰规划的整体实施效果突出。兰斯塔德空间规划一直是地方政府协调的核心内容，荷兰政府正是以兰斯塔德"绿心"空间规划的创新，显示出其在土地利用控制方面的决心。

第四节　加拿大大多伦多地区区域治理模式研究

一、多伦多区域概况

加拿大作为发达国家，城市化率早已超过80%，并且在全国范围内形成四个高度发达的城市群地区：多伦多城市群、温哥华城市群、渥太华—加蒂诺城市群、蒙特利尔城市群。不同于其他国家，加拿大联邦政府之下的省政府均拥有自己独立的政府区域治理体系。大多伦多地区位于安大略省，是加拿大当前区域治理最为成功的典型区域之一。

多伦多城市群包括多伦多市区、皮尔区、夏顿区、杜林区、约克区等地区。该区域现代商业与制造业非常发达，被誉为"金马靴"地区，近些年与周边郊区在产业合作、生态保护等方面联系非常密切，形成现在意义上的大多伦多地区。作为一个庞大复杂的城市密集区，区域内包含大量不同等级、规模及功能的城镇，构成富有地方特色的区域城镇密集区。

二、区域治理主体及分工

大多伦多地区形成的是多中心网络治理模式，通过在区域中建立多类型的合作伙伴关系实现私营及非营利机构与地方政府部门的合作（汪波，米娟，2013）。其区域网络治理主体主要包括省政府、大都市政府、地方政府和若干专业的大都市联盟。

（一）省政府——区域决策协调框架

安大略省政府是大多伦多地区区域治理主体中的最高行政机构。其一直试图通过开展大都市区域规划来构建全方位的区域规划体系，从而搭建起以规划为主体的决策协调平台。省政府推动区域决策协调框架的主要目标是实现以政府为主导的区域治理机制，其在保证区域生态环境的基础上，通过提高整体土地开发强度、配套建设高效便捷的区域交通体系和较为完备的区域基础设施网络来吸引公私联合开发、国际投资进驻，提高区域吸引力。为保障这一决策协调框架的实施，安大略省政府一直坚持通过立法途径而非自愿合作的方式来促进区域合作。

（二）大都市政府——公共交通与社会服务导向

早在1953年，多伦多地区政府组织就被划分为区域政府与市镇政府两级。区域政府行使整个区域的行政治理权，而地方自治政府则行使各自地方的行政权。1967年，原先的13个自治区进一步被整合为6个地方行政区，并且这一制度长期保持。1998年，6个行政区与多伦多市合并，形成了今天意义上的大多伦多市。

目前大多伦多地区具有大都市政府和地方政府两级治理体系，但两者职能分工互有交叉。其中，大都市政府主要负责在区域范围内进行公共交通运输及部分社会服务。其区域治理主要侧重于促进要素流动和保障民众基础生活需求，没有明显的经济利益导向。这种以服务为主导的区域治理主体使得其非常容易与其他主体达成某种共识，进而成为区域治理主体博弈过程中非常重要的"价值中立者"。

（三）地方政府——经济发展与公共服务导向并存

作为大多伦多地区的另一个二级政府，地方政府在区域治理过程中承担了双重职能。一方面，其尤其关注于本地经济发展，体现出对于税收、工业用地、电力供给等方面的治理诉求；另一方面，其也与大都市政府共享若干职责，存在对于公众健康、文化娱乐和火灾防护等方面的民生服务倾向（见表3-10）。不难看出，相较于大都市政府而言，地方政府在与省政府利益协调与博弈过程中存在产生较大冲突的可能。

表3-10　多伦多市二级政府职能分工

大都市政府职能	地方政府职能	共享职能
公共运输	税收	经济发展
警察/救护车	地方电力供给	道路规划
社会服务	公共健康	废品处理
交通	娱乐	水资源供给
	工业用地	固体废弃物处理
	火灾防护	图书馆/学校营业执照许可

资料来源：Williams G, 1999. Institutional capacity and metropolitan governance: the Greater Toronto Area[J]. Cities, 16(3): 171−180.

（四）专业大都市联盟——政策参考与技术建议

目前，大多伦多地区建立起来的专业大都市联盟主要有四类，分别是城市联盟体（CUM）、多伦多规划局（OGTA）、多伦多地区特别小组（GTTF）及多伦多协调委员会（GTCC）。城市联盟体的主要目标是解决跨区域的发展问题，为区域经济发展提供相关建设意见、政策规划及交通发展建议等；多伦多规划局主要是为多伦多地区各城市规划提供参考决议；多伦多地区特别小组主要是处理城市蔓延与城市膨胀过程中的地区冲突与矛盾；多伦多协调委员会是为多伦多规划局提供技术专员以解决规划问题。不难看出，专业大都市联盟处于多伦多地区区域治理过程中的被咨询者位置，偏重通过技术途径为区域治理提供解决思路或政策建议，大多以问题为导向，是介于公众与区域协调机构之间的一种特殊"政府—民间"组织。

三、大多伦多地区区域治理模式小结与启示

总的来看，加拿大大多伦多地区的区域治理属于多中心网络治埋模式。虽然省政府与地方政府是多元治理主体中最具有博弈倾向的两个主体，但大都市政府及专业大都市联盟在区域公共服务以及技术咨询方面也起到了一定作用。此外，运用立法手段推动区域治理是大多伦多地区的一个重要特征，这与该地区曾经出现的城市合并重组过程相互配合，最大限度地减少了利益主体博弈导致的城市资源浪费，客观上建造了合作共赢的大平台，有利于加强整体规模经济的优势。

区域治理作为一项非常复杂的政府职能，其治理模式具有复杂性与系统性。本章系统总结了德国、法国、荷兰及加拿大等国先进的区域治理模式，有助于中国在区域治理研究上借鉴国外经验，提高区域治理的公平性与效率（见表3-11）。

表3-11　国外不同区域治理模式的对比分析

模式	德国莱茵—鲁尔区域治理	法国复合区域治理	荷兰兰斯塔德区域治理	加拿大大多伦多区域治理
治理模式	多中心网络治理模式	多中心网络治理模式	多中心网络治理模式	多中心网络治理模式
中央政府职责	编制都市区发展规划 提供经济支持 政策引导	国民经济宏观管理 战略发展规划（分权后）	制定全国空间发展战略规划 决策、政策引导 整合各级政府结构展望	提供宏观政策指导
区域管理机构职责	编制地区区域规划 提供政策指导 提供经济支持	形成跨市镇合作组织制定区域规划 征收税收 部分行政权 权力较弱	对外协商和政策协调 空间投资 国家政策的执行与监督工作 游说、充当智囊团，鼓励以兰斯塔德为基础的地方合作	构建区域规划体系 区域决策协调框架
地方政府职责	处理地方事务各项实权 编制地方规划	承担中央政府在区域治理中的大部分责任 处理地方事务	负责编制地方规划 展示土地使用状况	关注本地经济发展 提供公共服务 处理地方事务
民众及非政府组织	与地方政府广泛合作，获得资金支持，提供地区服务	地方重大项目投票 参与政府决策 签订城市合同 履行部分治理职责	参与地方决策 维护自身权益	政策参考与技术建议
财政保障	由联邦政府、州政府共同提供资金支持	国家和地方政府综合解决	区域协调组织进行空间投资，协调政府间投资配额与补贴	区域和地方政府综合解决
协调程度	低	高	高	低
优点	多层次区域协作 多元参与利益得到保障	多元参与 发挥市场在资源配置中的基础作用 调动各方积极性	多元参与 多方利益得到保障 调动各方积极性 区域协调效果较好	公共服务设施供给水平较高 基础设施开发效率较高 区域开发治理政策稳定
缺点	中央与地方利益矛盾较大，诸多政策贯彻实施不利	部分政策执行效率低	治理中存在权责模糊性 治理效率较低 财政支出居高不下	政府主导性仍然偏强

通过对国外区域治理案例的研究，可以得到如下启示：

第一，在区域治理过程中，不论是强调要建立集权化的"大都市政府"还是强调多中心的分散治理，都需要建立一种政府、私营机构、公众、非正式组织共同治理的社会协同网络。

第二，应充分发挥市场在区域治理中的作用，建立起政府与私营机构、非正式组织之间的经济联系，利用民间力量实现区域治理的部分职能。

第三，责任权力下放。地方的问题应该由地方自己去解决，事权下移有助于发挥地方的自主性，同时，有助于实施贴近地方实际情况的区域治理政策。

第四，尝试性地建立区域合作的基本法律框架。法律规定一方面可以确保地方政府的权力，另一方面有助于将非政府组织充分纳入区域治理过程。

第五，局部可以考虑城市重组，这样有助于建立统一的政府组织，更好地实施区域治理，同时，优化资源配置，解决区域治理中的疑难问题。

第六，建立区域合作基金。在中央资金支援的同时，建立专项资金有助于推动区域利益共享与区域的相关补偿机制，同时，专项资金的地域倾斜也可以推动区域的协同发展以及产业升级。

第七，努力培育区域合作与协调性组织。可以依据区域治理的不同层次建立不同级别和有专门任务分工的区域协调组织，同时，国家中央政府和地方政府可以为区域组织提供资金支援和政策帮扶，实现跨区域的协同发展。

由于具体国情差异，中国对于西方国家的区域治理模式只能因地制宜地借鉴，而不能够照搬照抄。这些差异主要表现在中国与西方国家的社会经济发展阶段不同，西方发达国家已形成具有成熟运作模式的融资渠道、监察机制、社会保障体制及规划编制体系，而中国尚未形成完全成熟的现代城市与区域治理条件。

　　此外，兰斯塔德地区的多中心治理对长株潭城市群的发展具有重要启示意义与高度参考价值。这是由于：①兰斯塔德地区与本书研究的核心地区长株潭城市群在发展诉求上具有高度的一致性，尤其是在生态空间维护方面，都具有多城市共同维护的现实要求；②兰斯塔德地区与长株潭地区都是多中心城市群，难以形成具有高度辐射性的区域发展极核，在一定程度上对区域协调具有迫切的要求；③区域治理不应仅仅停留在责权分工、机构设置等方面，还应包括思想理念、产业网络等多方面。而兰斯塔德地区的区域治理深入思想理念与产业协作等层次，对中国城市群的发展完善具有深刻的启示意义。

第四章　长株潭城市群区域发展现状研究[①]

区域协同发展首先要解决政府机构碎片化与区域治理过程中市场与社会主体参与不足的问题，即要在区域尺度构建多中心网络治理模式。自1978年改革开放以来，中国建立起了社会主义市场经济体制。在中央政府的宏观指导下，大量以地方政府（包括省政府）为主要成员的区域性合作组织相继建立，对中国地理空间结构的塑造和区域治理模式的建构起到重要的推动作用（陈瑞莲，刘亚平，2013）。本书中，中国区域协同发展的制度框架是长株潭城市群区域协同发展的宏观要件，全国尺度的区域协同发展困境在长株潭城市群的区域一体化进程中有或多或少的投影，而解决长株潭城市群的区域治理问题可以为国家层面实施城市群发展战略带来重要实践启示。

第一节　中国城市群区域发展现状

改革开放40余年来，中国城市群区域发展在战略制定、区域规划编制、区域治理机构设置、跨区域合作协议的签订等方面均取得丰硕成果。但在区域发展主体建构、区域风险共担机制及区域组织的设立等方面也存在不足之处。

---

① 本章部分内容已发表在：张衔春,吕斌,许顺才,等.长株潭城市群多中心网络治理机制研究[J].城市发展研究,2015(1):28-37.

一、中国城市群区域发展历史成就

（一）区域发展战略制定

1949年新中国成立之后，中国便开始在国家层面推动区域发展战略的制定与实施。至今70余年间，区域发展战略经过了几轮变化与调整，虽然其间存在区域发展的误区及一些社会问题，但是总体上体现了对国情的逐步深入认识，并且与社会发展潮流、地区发展的总体趋势相一致。新中国成立至今的区域发展战略如表4-1所示。

表4-1　中国区域发展战略的时代变迁

战略核心	发展时间	发展战略
区域平衡发展	1949—1964年	1958年：设立"经济协作区"①，分别建立各具特色的工业体系；20世纪60年代初：划分一线、二线、三线区域②，重点建设三线区域
	1966—1970年	三线建设战略阶段
	1973—1978年	战略调整阶段
优先发展沿海区域	1979—1980年初	实施沿海优先发展战略
	1986—1990年	国务院出台《关于进一步推动横向经济联合若干问题的规定》，多个区域合作组织相继建立，沿海地区率先加快实施对外开放
区域统筹发展	20世纪90年代—2013年	制定一系列区域协调发展战略：西部大开发战略、中部崛起战略、振兴东北老工业基地战略等
区域协调发展	2014年至今	制定以城市群为核心的区域发展战略：《京津冀协同发展规划纲要》《长江中游城市群发展规划》《哈长城市群发展规划》《成渝城市群发展规划》《长江三角洲区域一体化发展规划纲要》《粤港澳大湾区发展规划纲要》等

由表4-1可见，中国区域发展战略从区域平衡发展到优先发展沿海区域再到区域协调发展及新区域发展战略，充分体现中国区域发展从量向质的转变，呈现出区域由以行政区为发展单位向多个行政单元联合再

---

① 划分了七大经济协作区，1961年调整为六大经济协作区，包括东北区（辽、吉、黑）、华北区（京、津、冀、晋、内蒙古）、华东区（沪、苏、浙、皖、鲁、闽、赣）、中南区（豫、鄂、湘、粤、桂）、西北区（陕、甘、宁、青、新）、西南区（川、滇、黔、藏）六区，各区设立中央局及大区计委负责区域协同治理。

② 三线建设是20世纪60—70年代中国以加强国防为中心的战略大后方建设，是国防建设和国家经济建设的重要组成部分。中共中央根据中国各地区战略位置的不同，将其分为一、二、三线。一线是沿海和边疆的省市区；二线是介于一、三线地区的省（区、市）；三线包括京广线以西、甘肃省的乌鞘岭以东和山西省雁门关以南、贵州南岭以北的广大地区，具体包括四川省、云南省、贵州省、青海省和陕西省的全部，山西省、甘肃省、宁夏回族自治区的大部分和豫西、鄂西、湘西、冀西、桂西北、粤北等地区。

到都市区、都市圈及城市群的发展趋势。同时，大量区域发展战略通过跨区域的大型项目得以落实，成为区域发展的活引擎，为区域发展带来深远影响。

（二）区域规划编制

21世纪伊始，中国区域一体化过程中，对区域规划的编制已上升到前所未有的战略高度。20余年间，各都市区与城市群编制大量区域空间规划与发展规划，为各地区区域发展提供实际的可供操作的区域发展蓝图与行动纲要（见表4-2）。区域规划中区域一体化的思想为跨区域的协同发展提供了理论上的操作范本。

表4-2　近年中国区域规划颁布的时间、名称及空间范围一览

出台时间	区域规划名称	空间范围
2009年9月	《促进中部地区崛起规划》	山西、安徽、江西、河南、湖北和湖南六省
2009年11月	《中国图们江区域合作开发规划纲要》	吉林省范围内的长春市、吉林市部分区域和延边州
2009年12月	《黄河三角洲高效生态经济区发展规划》	东营和滨州两市全部以及潍坊北部寒亭区、寿光市、昌邑市，德州乐陵市、庆云县，淄博高青县和烟台莱州市
2009年12月	《甘肃省循环经济总体规划》	甘肃省
2009年12月	《鄱阳湖生态经济规划》	江西省鄱阳湖地区
2010年1月	《皖江城市带承接产业转移示范区规划》	合肥、芜湖、马鞍山、铜陵、安庆、池州、巢湖、滁州、宣城
2010年3月	《青海柴达木循环经济实验区总体规划》	青海柴达木地区
2010年5月	《长江三角洲地区区域规划》	上海、江苏、浙江
2010年6月	《海南国际旅游岛建设发展规划纲要（2010—2020）》	海南
2010年12月	《全国主体功能区规划》	全国地区
2011年3月	《海峡西岸经济区发展规划》	以福建为主体，面对台湾，邻近港澳，范围涵盖浙江南部、广东北部和江西部分地区
2011年2月	《中关村国家自主创新示范区发展规划纲要（2011—2020）》	北京中关村
2012年5月	《中央苏区振兴规划纲要》	江西、福建、广东三省
2012年9月	《广州南沙新区发展规划》	广州南沙地区
2012年11月	《中原经济区规划（2012—2020年）》	郑州、洛阳、南阳、安阳、商丘等40市
2012年11月	《天山北坡经济带发展规划》	新疆

续表

出台时间	区域规划名称	空间范围
2013年1月	《罗霄山片区区域发展与扶贫攻坚规划（2011—2020年）》	江西、湖南部分地区
2015年2月	《长株潭城市群区域规划（2008—2020）》（2014年调整）	长沙、株洲、湘潭、娄底、岳阳、常德、衡阳、益阳
2015年2月	《京津冀协同发展规划纲要》	北京、河北、天津
2016年4月	《成渝城市群发展规划》	重庆市的渝中、万州、黔江等 27 个区（县）以及开州、云阳的部分地区；四川省的成都、自贡、泸州等15个市
2019年2月	《粤港澳大湾区发展规划纲要》	香港、澳门，广东省广州、深圳等9市
2019年12月	《长江三角洲区域一体化发展规划纲要》	上海、江苏、浙江、安徽，包含27个城市中心区

资料来源：根据陈瑞莲，刘亚平. 区域治理研究：国际比较的视角[M]. 北京：中央编译出版社，2013.一书修改、扩充与完善而得。

（三）区域管理机构设置

以金融市场为突破口，为了打破传统的行政区划导致的金融市场分割，央行率先以经济区划为单位设置跨区域的金融机构。21世纪初，伴随区域协调发展战略，西部地区开发领导小组（2000年1月）、振兴东北老工业基地领导小组（2003年12月）、促进中部地区崛起工作办公室（2007年4月）相继成立，这意味着分地域、分类别地建立区域管理机构在中国已经逐步开始。但是，基于中国现行行政管理体制及属地管理特征，区域管理机构在区域事务治理过程中依然存在职能缺位、协调不力、权力"空心化"等问题。

（四）跨区域合作协议签订

中国跨区域合作协议已广泛签署，特别是跨越大尺度的地理范围，尤其是跨省的城市群区域，主要通过实施省际合作协议实现跨省区域管理。这些省际合作协议旨在构建以一体化为目标的省际合作管理框架。省际合作协议指某一区域内不同的省级政府单元基于本省经济社会发展需求，在互利共信的基础上签订的具有一定约束力的省际合作协定。政府间协议机制目前已在中国初步建立，并且跨省合作已取得较丰富成果，大量省际合作协议被签订（见表4-3）。

表4-3　部分省际合作协议一览

序号	签订时间	协议名称
1	2000年8月	浙江、黑龙江《关于促进两省粮食购销及经营合作的协议》
2	2003年11月	《沪苏浙共同推进长三角区域创新体系建设协议书》
3	2004年12月	《泛珠三角区域地方税务合作协议》
4	2005年7月	《关于建立西部地区人才工作协作机制协议书》
5	2006年7月	《东北三省政府立法协作框架协议》
6	2007年4月	《支持西部开发区基础设施建设合作协议》
7	2008年12月	《长江三角洲地区环境保护工作合作协议（2008—2010年）》
8	2009年4月	《泛珠三角区域内地九省（区）应急管理合作协议》
9	2010年4月	《粤港合作框架协议》
10	2012年8月	《八省际劳务输出和维权合作协议》
11	2013年8月	《宁甘陕道路运输合作协议》
12	2014年4月	《川、甘两省省际道路客运管理协议》
13	2017年9月	《泛珠三角区域十省(区、市)深化省际道路客运改革合作协议书》
14	2018年6月	《长三角地区打通省际断头路合作框架协议》
15	2020年6月	《长三角地区省际交通互联互通建设合作协议》

　　省际合作协议中比较有影响力的是2003年4月的《加强"长三角"区域市场管理合作的协议》、2004年12月的《泛珠三角九省区食品药品监管合作框架协议》《泛珠三角区域地方税务合作协议》、2005年9月的《京津城市流通领域合作框架协议》、2007年7月的《中部地区专利技术转化服务平台建设战略合作协议书》以及2009年4月的《泛珠三角区域内地九省（区）应急管理合作协议》等。此外，2006年7月的《东北三省政府立法协作框架协议》在立法领域确立了省际合作协议的法律效力；2010年4月的《粤港合作框架协议》将香港融入珠三角地区，推动"一国两制"的体制创新，扭转了香港过去因"两制脱节""两地分隔"而存在的边缘化趋势；2020年6月的《长三角地区省际交通互联互通建设合作协议》建立健全了跨区域交通基础设施建设协同会商机制，打破行政区划所带来的交通壁垒，增强省际全域全时互联互通。

　　对于省级行政单元内部的城市群，跨市之间的合作协议作为重要制度工具被广泛推广：在长株潭城市群，早在2006年，长沙、株洲、湘潭三市就率先签订了《长株潭环保合作协定》，形成了以长株潭三市为基本单元实施环境保护的治理格局；此后，深圳、东莞、惠州联合签订的

《深莞惠三市警务协作框架协议》以及广州、佛山两市签订的《广州市佛山市同城化建设环境保护合作协议》《广州市佛山市同城化建设产业协作协议》《广州市佛山市同城化建设城市规划协作协议》等标志着跨市合作已经从环境保护发展到警务预警、城市规划、产业发展等多方面。跨市合作协议这一非正式制度设计已经成为中国区域协同发展的重要策略之一。

二、中国区域协同发展不足

（一）区域管理组织缺位

2020年国务院设有6个组成部委、2个直属机构、7个办事机构、9个直属事业单位。这些行政机构中绝大部分都可以进行地方发展建设与援助，但目前尚未建立真正意义上的区域行动机构。同时，现阶段所设置的区域性机构一般都隶属于某级政府，在行政设置上"独立性"较差。同时，多数区域性机构不具备行政权力，往往沦为仅具有部分事务协调功能的单一性区域发展机构，甚至不具备对地方进行监察管理的基本职能，典型的就是本书中提到的长株潭城市群"湖南省长株潭'两型社会'建设改革试验区领导协调委员会办公室"（以下简称"两型办"）。并且，区域管理组织职能相互叠加，进而导致大量区域管理问题，尤其是跨区域协同发展要么无人问津，要么重复管理、多头管理，区域管理的实际效果欠佳。

（二）区域管理主体单一

中国区域管理主要特征表现为区域管理仍然是以政府为主导的单边区域管理模式。中国现行的七类重要区域管理机制（非正式区域协调机制、上级政府编制规划、行政区划调整、省际或跨市正式合作协议、设立城市发展新区、区域资源共享、区域府际治理重组）均是以政府为主导，表现为"一头热"现象。一方面，区域管理组织的缺位导致大量区域管理机构成为地方政府的附属机构，执行地方政府区域管理行政命令，并未形成具备特定行政权力并独立于地方政府的区域治理机构。另一方面，本应作为区域治理主体的非政府性组织发展水平仍然滞后，缺乏资金扶持。行政程序上的烦琐冗杂导致非正式组织发展异常艰难。因此，在区域发展事务上，非正式组织仅仅为政府部门提供决策参考和在极为有限的范围内行使区域管理与监督职能。公共参与也因为非正式组织的弱势地位及传统忽视公共参与的行政逻辑，成为地方政府应付上级考核的政绩噱头，和网络化的多元共治的区域治理模式相去甚远。

（三）区域协同发展风险共担不足

跨区域协同发展的基础保障是要实现多元主体间的风险分担。但就目前中国的区域合作现状来看，尤其是在跨区域的协议制度中，并未形成能够保障协议有效实施的风险分担机制。一方面，区域合作主体的对等关系导致相互间的约束难以奏效。另一方面，由于缺乏对合作主体行为监督的第三方机构，省际或城市间的合作协议仅仅依靠政治信任作为保障，而协议作为政治合同，没有法律约束力。区域协同发展风险难以得到双方分担，故而区域间的合作大部分停留在宏观战略政策的制定上，缺乏以实施为导向的细节引导。

第二节　长株潭城市群区域发展情况

一、空间模式由"1+2"转为"3+5"

长株潭一体化的思想最早来源于1982年12月，湖南省政协四届六次会议提出，以长株潭经济区为基础，把长沙、株洲、湘潭紧密整合在一起，通过加强经济与产业关联，实现区域内部一体化发展，并提出要建设工业中心、科技中心、金融中心、贸易中心等，实现"四化"。1984年，长株潭经济区规划办公室成立，长株潭经济技术开发协调会议制度建立。1998年，湖南省成立长株潭经济一体化协调领导小组，着力于推动交通、电力、金融、信息及环保等5个网络规划，最初的区域联合思想"1+2"

由此形成。同年，长株潭城市群编制完成"交通同环、电力同网、金融同城、信息同享、环境同治"的"五同规划"。2005年，《长株潭城市群区域规划》正式颁布，作为中国内陆地区第一个城市群区域规划，其颁布标志着长株潭"1+2"的城市群空间结构得到法律认可。

长株潭城市群空间模式伴随城市群经济发展及外部城市群间的竞争加剧发生了新的地域重构，即逐步由"1+2"模式向"3+5"模式拓展。2005年《长株潭经济一体化"十一五"规划》提出了"新五同"的思想：交通同网、能源同体、信息同享、生态同建与环境同治。并且规划中提出，长株潭城市群需要重点辐射岳阳、娄底、常德、益阳、衡阳等周边城市，构建一小时经济圈。2006年5月，时任湖南省委书记张春贤提出，启动以长株潭为中心的"3+5"城市群建设研究。2006年6月，随着一系列协议，诸如《长株潭环保合作协议》《长株潭区域合作框架协议》《长株潭工业合作协议》等的签订，三城之间的融合进一步加速。2007年9月，《湖南省长株潭城市群区域规划条例》颁布，使得"3+5"的城市群空间结构得到了法律上的认可。2007年12月，"全国资源节约型和环境友好型社会建设综合配套改革试验区"的批复为长株潭城市群赢得了更加广阔的政策前景，长株潭城市群的"3+5"区域一体化进程开始纵深化推进。

二、区域协同发展由"经济一体化"转为"两型社会"建设

1984年，"经济区"概念的提出标志着长株潭城市群区域协同发展开始注重"经济一体化"。1997年，湖南省委、省政府确立实施"长株潭经济一体化"发展战略，以长沙、株洲、湘潭三市为核心，将其建设为湖南省重要的区域经济增长极，以经济发展、产业合作促进"1+2"在长株潭区域的整合与发展。经济一体化在区域层面促进了资本、劳动力、技术与知识的流动，在一定程度上也推动了除经济之外的其他层面的一体化发展，包括文化、交通、基础设施、科技等。2007年，伴随着"全国资源节约型和环境友好型社会建设综合配套改革试验区"的批复，传统

依赖经济发展促进城市群一体化发展的模式被打破，各级政府开始关注城市群发展在资源环境层面的绿色与可持续发展问题。2011年，湖南省人民政府批复了《长株潭城市群两型社会建设综合配套改革实验区产业发展体制改革专项方案》，提出加强产学研的互动，增强"两型"产业的科技支撑能力，并且借助产业融合这一平台提升现代服务业发展水平[①]。2018年，湖南省财政厅、湖南省长株潭"两型社会"试验区区建设管理委员会印发了《湖南省两型社会建设专项资金管理办法》，提出了相关专项资金实行因素法和项目法相结合的分配方式，提升了财政资金在"两型"产业与项目中的分配效益[②]。

三、区域规划体系基本形成

一方面，长株潭城市群编制并推进经济一体化的交通、电力、金融、信息和环保等5个网络规划；另一方面，2000年，世界银行把长株潭城市群列为中国首批城市发展战略研究（CDS）的两个城市群之一，启动研究。之后，湖南省政府又相继编制了《湘江生态经济带概念性规划》《长株潭开发建设总体规划》《岳麓山大学城规划》《长株潭产业一体化发展规划》《2004—2010年长株潭老工业基地改造规划纲要》。在此基础上，2005年8月，湖南省人民政府印发了《长株潭城市群区域规划》，2005年12月完成了《长株潭经济一体化"十一五"规划》的制定，提出"六个一体化"和"新五同"，基本形成了包括"长株潭城市群区域规划条例""市域规划""示范区规划""城市群专项规划"四大组成部分的长株潭城市群区域协同发展的规划体系（见图4-1），为长株潭城市群未来的区域协同发展提供技术指导与行动纲要。

---

① 湖南省人民政府法制办公室. 湖南省人民政府关于《长株潭城市群两型社会建设综合配套改革试验区产业发展体制改革专项方案》的批复[EB/OL].(2011-03-29). http://www.hunan.gov.cn/xxgk/wjk/szfwj/201103/t20110329_4824438. html.

② 湖南省人民政府法制办公室. 湖南省财政厅湖南省长株潭"两型社会"试验区建设管理委员会关于印发《湖南省两型社会建设专项资金管理办法》的通知[EB/OL].(2018-02-09).http://www.hunan.gov.cn/xxgk/wjk/szbm/szfzcbm_19689/sczt/gfxwj_19835/201901/t20190114_5257884.html.

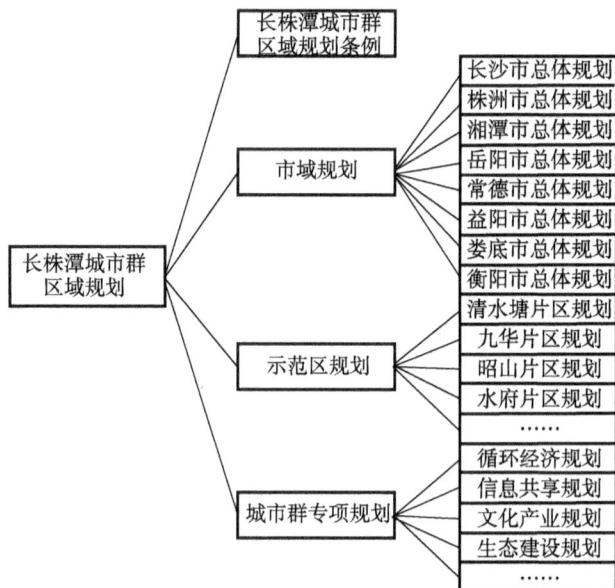

图4-1　长株潭城市群区域规划框架结构

2007年12月14日，国务院正式批准长株潭城市群为"全国资源节约型和环境友好型社会建设综合配套改革试验区"，深入落实中部崛起战略，实现东、中、西部的协调有序发展。2020年10月30日《长株潭区域一体化发展规划纲要》发布，紧扣长株潭城市群"高质量发展"和"一体化发展"两大主题，推动长株潭城市群一体化发展格局的形成，旨在将其打造成为中部地区领先、具有国际影响力的现代化城市群。

四、城市群仍处于雏形发育阶段

长株潭城市群发展至目前已经初具规模，正日益成为湖南省产业、资本、知识、技术最为密集的区域，是湖南经济发展的龙头，也是实现中部崛起的重要支撑力量，区域影响力不断扩大。总体来看，长株潭城市群还处在快速发育阶段，核心城市的发展要素集聚趋势明显，但扩散作用也在慢慢凸显。长沙、株洲、湘潭三市表现出"融城一体化"的发展格局，中心影响力进一步增强。外围衡阳、岳阳、常德、益阳、娄底作为次级中心城市，正由具有市域或市际影响力的城市向具有省域或省际影响力的城市发展。

但整体来看，长株潭城市群仍然表现出部分雏形发育阶段城市群的特征，突出表现在城市之间的经济发展水平与联系程度方面，如城际交通可达性、公路铁路网密度等。位于核心的长株潭三市与外围五市之间在经济发展水平与联系程度上差距较为明显。同时，在城市群开放程度和对外影响力等方面，长株潭城市群仍有较大提升的空间（见表4-4）。

表4-4　长株潭城市群与世界不同发展阶段城市群指标特征对比

指标	雏形发育阶段	快速发育阶段	趋于成熟阶段	成熟发育阶段	长株潭城市群（2011）
城镇化率/%	20～30	30～50	50～70	≥70	48（六普）
城市密度/（个/10⁴km²）	<6	6～8	8～10	≥10	5
城镇等级规模结构	不完善	较完善	完善	很完善	较完善
中心城市等级	地方级	区域级	国家级	世界级	区域级
人均GDP/元	≤15000	15000～25000	25000～35000	≥35000	38658
人均固定投资额/元	<5000	5000～10000	10000～15000	≥15000	18853
工业总产值占全省、区比重/%	<40	40～60	60～80	≥80	80
第二产业占GDP比重/%	<30	50～60	30～50	≤40	54
第三产业占GDP比重/%	<30	30～50	50～60	≥60	35
城市间可达性/小时	1～3	0.5～1	≤0.5	≤0.5	长株潭1.5至外围2～3
公路网密度/（km/10⁴km²）	<15000	15000～20000	20000～25000	≥25000	11050
铁路网密度/（km/10⁴km²）	<2500	2500～3000	3000～3500	≥3500	175
信息化程度/（户/百户）	<20	20～40	40～60	≥60	
城市间功能互补程度	较弱	一般	较强	强	一般
城市间联系密切程度	较少	较多	紧密	非常紧密	较多
城市间协调机制状况	未形成	初步形成	已形成	形成	初步形成
外商直接投资占总投资比例/%	<8	8～10	10～12	≥12	3
外资企业产值占工业总产值比例/%	<10	10～20	20～40	≥40	7%（仅统计规模以上企业）
年接待旅游人次与本区总人口比值	<1.5	1.5～3.0	3.0～4.0	≥4.0	

资料来源：第六次全国人口普查统计数据。

从城市群的产业发展水平来看，在"十三五"时期，随着工业化和城镇化加速发展阶段，长株潭城市群固定资产投资的扩张速度加快，投资率稳步攀升，消费率呈现逐年下降趋势，投资率与消费率的差距不断收窄。2016年，长株潭地区投资率为59.6%；消费率为40.4%，下降了13.6%，呈现消费需求和投资需求共同推动经济快速发展的良性模式。据统计，2002—2012年，长株潭城市群地区生产总值以每年12.6%的增速高速增长。同时，经济结构由以内需拉动成功转向消费与投资共同拉动的发展格局。

从城市群的产业发展速度来看，总体上，长株潭城市群"两型"产业发展较为迅速。其中，高新技术产业增加值占工业增加值的比重达到31.02%，比"十五"时期末提高11.56个百分点。形成机械、食品、石化、有色、轻工、建材、冶金和电子信息等八个千亿产业。工程机械、轨道交通等优势产业实力壮大，电子信息、新能源等战略性新兴产业迅速发展，一批千亿产业、千亿集群和千亿园区逐步形成。长株潭城市群成为全国重要的先进装备制造业基地、电子信息产业基地、文化创意产业基地和商品粮生产基地。

从城市群的内部协同水平来看，各市经济实力相差不大，形成了区域经济多中心发展的格局。根据统计数据，在2013年、2016年及2019年三年中，长株潭城市群八个城市的地区生产总值和人均生产总值均在全省名列前茅。同时，长沙市的地区生产总值明显高于其他七市，人均地区生产总值也高于其他七市。从第二、三产业生产总值来看，同样表现出长株潭城市群八市在全省地级市中处于领先地位，而长沙市远远领先于其他七市。值得一提的是，益阳、衡阳等市近些年发展态势良好，第二、三产业产值已赶超株洲、湘潭，区域多中心的城市体系格局愈加凸显（见图4-2至图4-5）。

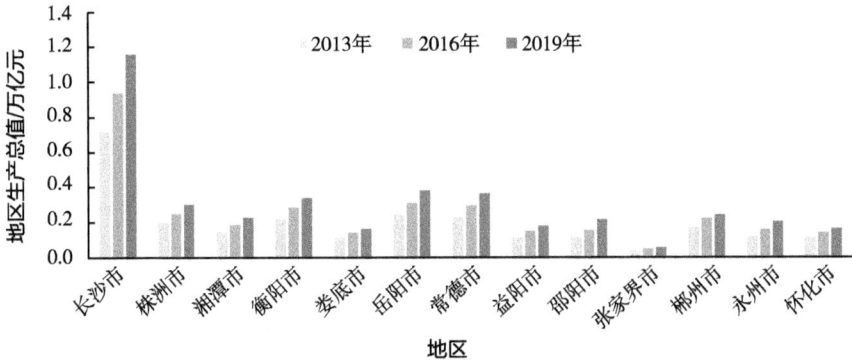

图4-2 湖南省地级市生产总值

注：不含湘西土家族苗族自治州数据，后同。

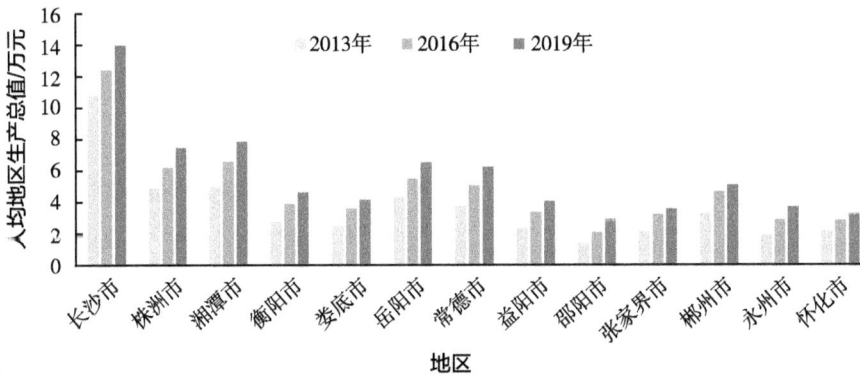

图4-3 湖南省地级市人均地区生产总值

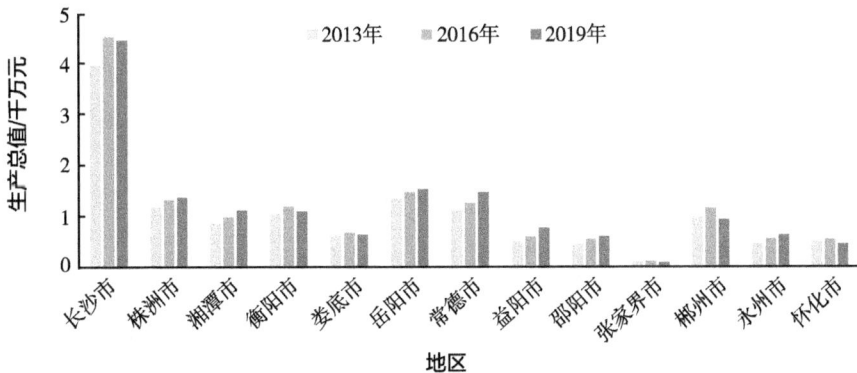

图4-4 湖南省地级市第二产业生产总值

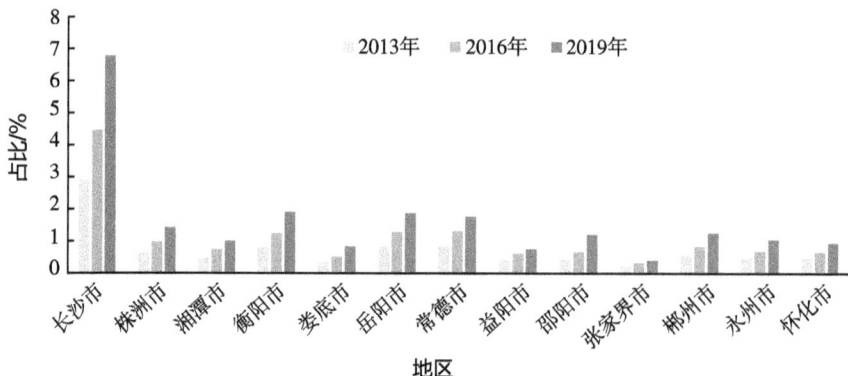

图4-5　湖南省地级市第二产业生产总值占比

资料来源：2014年、2017年、2020年的《中国城市统计年鉴》。其中，图中前8个城市为长株潭城市群的成员城市。

第三节　长株潭城市群区域发展重点

长株潭城市群在环境整治及生态保护方面，主要面临湘江治理、示范区建设及绿心保护三大重要区域难题。妥善解决好这三大难题，有助于推动长株潭城市群的绿色生态发展。考虑到现有基础资料的有限性及流域治理问题的复杂性，本书仅在有限篇幅内讨论"绿心保护"及"示范区建设"两大区域发展难题，通过对多中心网络治理模式的研究与借鉴，力图从制度建构的角度为长株潭"绿心保护"与"示范区建设"的协同发展与保护提供政策建议。

一、长株潭城市群生态绿心保护

（一）长株潭城市群生态绿心保护现状

由于生态绿心保护是长株潭城市群区域治理的重要难题，对区域协调的要求较高，而且，湖南省已据此编制《长株潭城市群生态绿心地区总体规划（2010—2030）》（以下简称《绿心规划》），并颁布《湖南省长株潭城市群生态绿心地区保护条例》（以下简称《绿心条例》），因此，有必要系统了解目前长株潭城市群在绿心保护议题上所取得成果与问题。

1.《绿心规划》对长沙、株洲及湘潭三市指导意义明显

目前，在《绿心规划》的指导要求下，株洲市已根据自身实际情况编制《长株潭城市群生态绿心地区株洲片区控制性详细规划》；跳马、柏加等乡镇也根据绿心总规调整或修编了镇总体规划，涉及绿心地区的"两型社会"18个示范片区中的昭山示范片区、天易示范片区，也以《绿心规划》作为上位规划，顺利编制完成了各自片区总体规划。总体来看，《绿心规划》有效地指导了一系列下位规划的编制，极大地促进了长沙、株洲及湘潭三市绿心地区的生态保护、基础设施建设与城镇化发展。

2018年顺应新时代发展要求，湖南省政府按照"认识回归、精度提升、尊重史实、刚弹结合"四个维度对《绿心规划》进行了再次修订，引入了产业创新和乡村振兴两个新目标，将长株潭生态绿心提升为高品质且具有国际影响力的"城市群绿心"。

2.重点地区生态环境整治已陆续开始

目前，在湖南省"两型小"的大力推动下，长株潭城市群诸多地区已经开始进行生态环境整治工作，具体工作包括三方面：①开展污染地区的整治与生态修复，如株洲清水塘地区的勒令污染企业退出与周边地区土壤生态修复工程；②开展部分重点地区的生态环境与城市公共空间建设，如湘江风光带建设工程、昭山仰天湖公共开放空间建设工程等，城市的景观风貌与开敞空间建设取得长足的进步；③启动部分森林公园、郊野公园与风景名胜区的规划建设，如长沙市石燕湖森林公园扩建、湘潭市昭山风景名胜区建设等重点项目。

2019年11月，《长株潭城市群一体化发展行动计划（2019—2020年）》在株洲签署，明确了三年攻坚行动计划，对长沙、株洲及湘潭三市的污水防治和大气环境治理提出明确要求。计划提出共建1个大气环境监测超级站和5个大气环境监测组分站的重点项目，利用先进技术手段，预期实现三市环境资源信息与数据库共享，推进三市交叉执法检查。

3.区域基础设施建设良好

武广高铁（绿心段）、沪昆高铁（绿心段）、城际铁路（绿心段）等按照规划建设或已建成。此外，绿心范围内长株高速的建成通车，跳马、云龙新区出口的开通极大地改善了绿心中部地区的对外交通条件，对于促进绿心地区有序发展起到了重要的促进作用。其他一些区域性交通干道的建设，如芙蓉南路扩建、昭云大道建设、湘潭五大桥建设等，也优化了绿心地区的交通条件。同时，暮云污水处理厂等重大市政公用设施项目对区域环境治理起到了重要作用。

为促进长株潭城市群一体化建设，《绿心规划》建议加快推动长株潭"三干、两轨、四连线"①建设。在绿心对外联系方面，水运交通将新建荷塘、暮云、湘江游览码头，完善水陆联运的交通系统。而在绿心范围内，为适应全域旅游和乡村振兴的推进，计划将旅游线路与新农村建设相结合，全面提升建制村的道路品质条件。

4.规划实施协调机制基本建立

依据《绿心条例》要求，湖南省人民政府统一领导生态绿心地区保护工作；湖南省"两型社会"建设试验区领导协调工作机构具体负责生态绿心地区保护工作的统筹、组织、协调、督查和服务。总体来看，长株潭城市群在制度层面已初步建立起三市规划实施的协调机制。尤其是在湖南省住房和城乡建设厅的协助配合下，长株潭三市于2012年开展绿心地区项目的自查与清理工作②。

修订后的《绿心规划》还进一步完善了分区管制策略，由湖南省人民政府确定生态绿心地区保护协调机构，并组织长沙、株洲及湘潭三市

---

① "三干"指芙蓉南路长沙和湘潭段以及湘潭境内接株洲段快捷化改造；洞株公路长沙段快捷化改造和洞株路至株洲北环路快速化建设，洞株路延伸线红旗路的建设；潭州大道至湘潭九华大道快速化改造相关工作。"两轨"指"长沙西—湘潭北—株洲西"和"长沙南—株洲西"两条轨道快线的相关工作。"四连线"指潇湘大道—沿江路、新韶山路—昭山大道、昭云大道—云峰大道等连接线建设，湘潭大道—铜霞路连接线的前期工作。

② 湖南省人民政府.长株潭城市群区域规划（2008—2020）修改[EB/OL].(2015-02-16). http://www.hunan.gov.cn/hnszf/ xxgk/ wjk/szfwj/201504/t20150423_4824658.html.

人民政府建立起生态绿心地区生态效益补偿机制。三市还联合签署了《长株潭城市群一体化发展工作调度办法》，为确保事项落地，突出了调度重点，提升了调度要求，明确了调度层级，强化了《绿心规划》中的重点任务，以及基础设施互联互通、产业协同、民生共享、环境共治等跨区域合作领域所需的制度保障（见图4-6）。

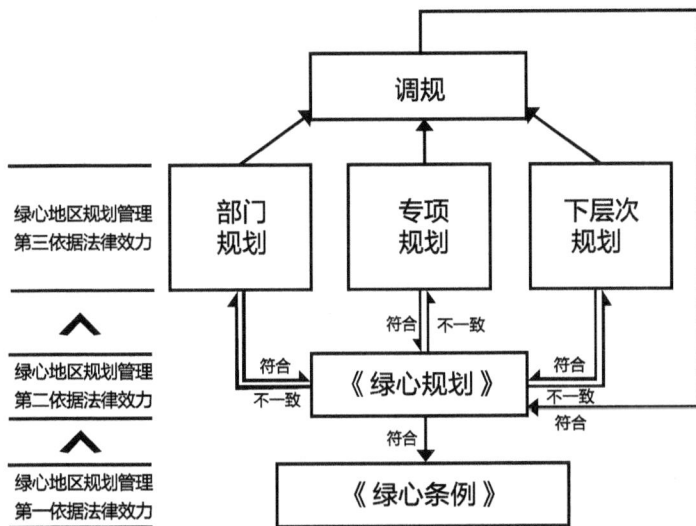

图4-6　绿心地区规划管理体系理论框架

图片来源：根据张瑞霞,林志明.长株潭城市群生态绿心地区总体规划的"荣"与"伤"[J].规划师,2017(9):140-143.一文改绘。

（二）长株潭城市群生态绿心保护现存问题

1.绿心被蚕食的基本现状并未得到改变

当前，虽然在《绿心条例》与《绿心规划》的保护下，生态绿心的整体空间格局得到了保存，但是绿心被城市建设所蚕食的基本事实并未得到根本改变。在快速城镇化的过程中，绿心地区沦为长沙、株洲及湘潭三市城乡矛盾最为突出、空间争夺最为激烈的区域。

浏阳市的"仙人造"房地产项目（项目推广名"金科天湖新城"）位于绿心总规的禁建区范围，建设用地围绕仙人造水库展开，几乎将水库周边的山体侵占殆尽。项目一期已于2011年8月办理建设用地的相关手续，涉水部分未取得水务行政部门的批复许可。现状是建筑已大部分建成，对绿心地区的保护尤其是仙人造水库地区的生态环境存在较大的影响。

2.三市调整《绿心规划》的意愿强烈

长沙、株洲、湘潭三市对于调整《绿心规划》的愿望迫切，主要是《绿心规划》与其他相关规划的内容存在一定程度上的矛盾，导致三市政府在规划执行过程中困难重重。绿心区域的空间面积达522.87平方公里，涉及长沙、株洲、湘潭三市，因此与绿心地区有关的法定规划，从国务院审批的长株潭三市城市总体规划到湖南省审批的18个示范片区规划再到三市审批的控制性详细规划，层次多、数量多、涵盖的专业领域广。加上由于审批的日期不同，很多规划先于《绿心规划》获批，因此局部地块存在相关规划不一致的情况，《绿心规划》与其他规划的协调问题亟待解决。

3.以市为单元的建设投资体制导致部分重大基础设施难以实施

虽然规划的编制与监督由湖南省"两型办"承担，但是长沙、株洲、湘潭三市作为规划实施主体推行分头建设的开发模式，在差异化的利益诉求之下，部分区域性基础设施难以实施，跨区的重大项目难以落地。

其中典型的例子包括列入绿心地区近期建设规划的"南横线""昭云大道"等重大交通设施。南横线柏加段9公里、暮云段均已建设完毕，但是中间约13公里跳马段难以实施，主要原因为"南横线"跳马段规划以禁建区为主，无开发类项目，并且道路穿过地区的居民拆迁安置、土地指标争取、建设投资成本均需长沙县承担，这些均成为此段道路全程建设通车的制约因素。其余如昭云大道西侧昭山段正处于施工阶段，而东段跳马乡部分也由于类似的原因至今未启动建设。从整个绿心地区发展来看，重大区域交通设施难以贯通对城乡建设与经济社会发展产生了较为明显的负面影响。

4.尚未实际建立生态补偿机制，生态建设资金严重匮乏

《绿心条例》对于生态补偿资金来源及用途做了详尽的规定。资金来源包括六个方面：一是根据法律法规规定设立的生态保护、补偿方面的资金；二是湖南省人民政府和长沙市、株洲市、湘潭市人民政府安排的财政性资金；三是从条例第十三条第一款规定区域内土地出让收入中安排的资金；四是根据条例第十三条第二款规定收取的生态效益补偿费；五是社会捐赠；六是其他资金。生态补偿资金的用途也受到严格限制，即只能用于绿心地区生态环境保护、生态修复提质和与生态绿心地区生态环境保护有关的民生保障、移民安置、乡镇财力补助以及企业搬迁的适当补助等，任何单位和个人不得侵占、截留、挪用。

但是现状显示，绿心地区实际具有可操作意义的生态补偿机制尚未建立。无论是湖南省人民政府还是长株潭三市人民政府均未专门设立针对绿心地区的财政性生态补偿资金；绿心范围内土地出让收入也尚未按照条例要求征收一定比例的补偿金；整体而言，用于绿心地区生态保护与修复的生态建设资金十分匮乏，地方政府的生态环境保护职责难以落到实处。同时，也没有建立生态保护的信息共享平台与公众参与机制。

二、长株潭城市群"两型社会"建设综合配套改革试验区建设

"两型社会"建设五大示范区为大河西示范区、云龙示范区、天易示范区、昭山示范区及滨湖示范区。示范区建设需要秉持"用地集约、节能环保、资源循环、整体规划、重点布施、分布推开，每年都要取得阶段性成果"的原则。[①]设立五大示范区是长株潭城市群"两型社会"建设的重要特色。由丁示范区在地理空间上具有跨越辖区的特征，区域协同发展问题十分棘手（见表4-5）。

---

① 湖南省人民政府.中共湖南省委湖南省人民政府关于全面推进长株潭城市群"两型"社会建设改革试验区改革建设的实施意见[EB/OL].(2009-11-23).http://www.hunan.gov.cn/xxgk/wjk/swszf_1/200911/t20091123_4825719.html.

表4-5　湖南省长株潭城市群"两型社会"建设五大示范区基本信息一览

示范区名称	地理范围	管辖部门	所属上级部门	挂牌时间
大河西示范区	长沙大河西先导区 长沙金霞片区 益阳东部新区 常德德山片区	下属各自片区管委会	长沙市政府 益阳市政府 常德市政府	2008年6月10日
云龙示范区	株洲云龙片区 株洲清水塘片区	下属各自片区管委会	株洲市政府	2009年4月18日
天易示范区	株洲天元片区 湘潭易俗河片区 衡阳白沙片区	下属各自片区管委会	株洲市政府 湘潭市政府	2009年6月8日
昭山示范区	昭山易家湾片区 湘潭九华片区 娄底水府片区	下属各自片区管委会	湘潭市政府 娄底市政府	2009年6月8日
滨湖示范区	长沙县青安片区 望城县铜官片区 汨罗市新市片区 湘阴界头铺片区 屈原原田片区 岳阳城陵矶片区	下属各自片区管委会	岳阳市政府 长沙市政府	—

　　各示范区在"两型社会"建设及管理体制上都取得了一定成果。示范区率先进行大部制改革，示范区管委会可以行使市直部门的部分行政审批权。大河西示范区建立"五统一分"的管理模式，实行行政审批流程改革，改串联式审批为并联式审批。其中长沙大河西先导区的规划区为湘江以西，涉及四个区县。在此管理模式下，资源得到整合实现互利共生，确保了先导区的高效运转，彰显了先导区的示范效应。自2009年建区以来，先导区共开工建设重点工程项目600多个，完成投资2324亿元，是大河西地区建设史上基础设施投资规模最大、项目开工和竣工数量最多的时期。2014年6月9日，经湖南省委研究同意、省政府批复，长沙大河西先导区更名为湘江新区。2015年4月8日，国务院正式批复同意设立湖南湘江新区，湘江新区成为中国第12个、中部地区首个国家级新区。

　　株洲云龙示范区由管委会直接管理村，实行扁平化管理，推行行政代理制度；站在国家级经济开发区的优势平台上进行产业转型，第三产业保持高速增长，并利用示范区重点建设项目的资金保障，将目光投向电子信息、大数据、生物医药、轨道交通等新型产业，建成湖南省最大的数据中心——中国移动湖南数据中心，组建国内首屈一指的大数据生态联盟，成为促进长株潭区域新经济发展的一剂强心剂。

湘潭昭山示范区和天易示范区被赋予相应的市级行政管理权限和高度灵活的用人自主权，建立"一门式受理、一条龙服务、一站式审批"的行政审批模式。根据不同的区位优势，昭山示范区组建生态旅游合作社，带动新农村经济发展，乡村闲置资产被重新盘活，村民返乡就业热情高涨，由政府牵头，大力发展农村生态旅游，创建"三生共赢"的美丽乡村。天易示范区作为省级重要的"创新服务基地和生态工业新区"，利用便利的交通物流优势，重点构建以先进装备制造、农产品精深加工、现代服务业三大产业为主导，节能环保、新材料两大战略产业为重点培育对象的"3+2"产业体系。创造性地推出一套"一线工作法"，即坚持一线抓调度、一线抓进度、一线抓落实，高效推动产业园区项目落实发展。截至2019年，天易示范区的技工贸收入、工业总产值已超过千亿元，稳步向"国家级经济开发区"的目标进发。

滨湖示范区的定位为"产业高地、试验新区、临港新城"。其发挥水运、港口优势，在保护生态环境的基础上，建设长株潭产业转移承接基地、再生资源产业基地、绿色农产品生产加工基地、健康休闲服务基地。

五大示范区在体制机制建设上都取得了重大突破。然而，面对区域协同一体化发展，"行政区经济"引发的区域治理碎片化问题仍然未得到有效解决。本书将在后续部分予以详细解释。

第五章　长株潭城市群传统管理机制分析①

　　长株潭城市群的区域管理模式遵循典型的"中央—地方"政府交互式管理模式（姬兆亮，2012）。省政府作为中央政府与地方政府的过渡型政府，一方面对地方权力与发展资源进行分配与监督；另一方面执行中央政府政策，细化中央政府的区域管理职责。从区域管理主体来看，长株潭城市群目前已初步形成中央政府制定宏观政策与提供资金支持，区域机构提供技术支持、监督指导、考核评价及筹集资金，地方政府具体执行政策、处理地方事务的基本管理体系。

第一节　长株潭城市群传统管理机制分析

　　长株潭城市群在区域管理机制方面取得了一定发展，建立了具有自身特色的管理模式，地方政府管理与跨区域管理均形成了自己独立的体系与特色。2008年初，长株潭城市群经国务院审批，获批为"全国资源节约型与环境友好型社会建设综合配套改革试验区"，"两型社会"建设成为湖南省长株潭城市群发展的主要任务，由此引发了对大量跨区域综合治理问题的关注，诸如湘江治理问题、生态绿心保护问题、五个跨区域示范区建设问题及"两型"产业发展与高污染产业整治问题等。

一、区域管理中中央机构职能分析

　　按照中国国家机关设置原则与制度，长株潭城市群区域管理的中央

---

① 本章部分内容发表在：张衔春,吕斌,许顺才,等.长株潭城市群多中心网络治理机制研究[J].城市发展研究,2015(1):28-37.

机构为国务院及其下属的各部委。国务院对长株潭城市群区域规划具有审批权，有制定针对长株潭城市群的国家级行政法规的权限，有对长株潭城市群的区域机构及地方政府的不适当决定给予撤销的权力，有建设国家级大型项目、制定国家重大政策给予长株潭城市群政策支持与资金支持的权力。不仅针对长株潭城市群，国务院作为区域管理的中央机构，还拥有决定国家宏观政策的权力。

国务院下属部委在长株潭城市群区域管理的不同层面具有较高的决策权与分配权。例如：财政部每年通过制定国家预算，决定国家财政资金分配，制定国家财税发展规划，负责办理和监督中央财政的经济发展支出、中央政策性投资项目的财政拨款；自然资源部则具有拟订自然资源和国土空间规划、对全国耕地保护实施监管等职责，在一定程度上可以视为对国务院宏观区域管理权的分部门细化与落实。早在2008年7月，国土资源部（现纳入自然资源部）就将试验区建设纳入全国土地利用总体规划纲要统筹考虑，与湖南省政府共同开展长株潭城市群国土空间规划的编制（麻战洪，2013）。

国务院及其下属各部委构成了长株潭城市群区域治理的中央机构，并且具有"强中央"的典型特征，拥有对城市群发展的规划审批权、财政权、土地管理权等宏观上的重要权力。不同于法国巴黎大都市区的分权特征，现阶段的"强中央"特征使得区域管理的地方自主权相对较少。

二、区域管理中区域机构职能分析

长株潭城市群区域管理的区域性机构是"两型办"，"两型办"目前设置级别为正厅级，归口湖南省发展改革委管理。"两型办"作为长株潭城市群区域管理的区域性机构，主要具备11项区域管理职责。

1.主要职责

（1）研究提出长株潭城市群"两型社会"建设综合配套改革重大政策和重要措施，组织起草有关综合性法规和文件。

（2）组织编制长株潭城市群"两型社会"建设综合配套改革总体方

案，指导协调各专项改革方案的编制和实施，统筹管理重大改革试验项目，协调改革中的重大问题。

（3）组织编制长株潭城市群经济社会发展总体规划、区域规划、长株潭核心地区空间开发与布局规划，指导、协调长株潭城市群区域各专项规划和相关市域规划的编制和实施；对试验区范围内各类空间管制区域的划定进行指导、协调。

（4）协同省直有关部门审查长株潭城市群相关重大基础设施和重大产业项目，协调建设中的重大问题；协调确定试验区范围内具有区域性重大影响的建设项目，并对其规划选址和实施情况进行监督管理。

（5）指导、协调长株潭城市群资源的开发和利用。协调省直有关部门加强长株潭城市群土地宏观调控。

（6）统筹、协调长株潭城市群生态建设和环境治理以及长株潭生态绿心和湘江生态经济带的生态建设和环境保护。组织实施长株潭城市群"两型社会"试验区重大工程项目。

（7）会同有关部门筹集、管理长株潭城市群"两型社会"试验区改革建设财政专项资金，协调有关部门研究并提出平衡长株潭三市的资源补偿、生态补偿、污染补偿等资金补偿方案。

（8）指导协调、监督检查省直有关部门和长株潭三市政府"两型社会"试验区改革建设工作；督促、检查省长株潭领导协调委员会决定事项的落实；组织实施《湖南省长株潭城市群区域规划条例》，并实行检查监督；协调试验区内各市、各部门的相关政策规定。

（9）组织实施对长株潭城市群"两型社会"改革建设目标管理责任制的考核评价和奖惩工作。指导长株潭三市相应机构的业务工作。

（10）组织国际交流合作和宣传推介，组织试验区系列创建活动和相关理论研究活动；负责组织专家对试验区建设的重大问题进行决策咨询。

（11）承担省长株潭领导协调委员会的日常工作。承办省委、省政府交办的其他事项。

2. 内设机构

（1）综合处。负责综合文秘工作；协调领导对政务、业务等工作进行综合协调和督促检查；研究起草长株潭城市群综合配套改革方面的综合性法规、文件；督促、检查省长株潭领导协调委员会决定事项的贯彻落实；组织实施对长株潭城市群"两型社会"改革建设目标管理责任制的考核评价和奖惩工作；组织开展国际交流合作和宣传推介，组织试验区系列创建活动和相关理论研究活动；负责组织专家对试验区建设的重大问题进行决策咨询；负责协调安排试验区建设重大项目前期工作经费。

（2）改革处。组织编制长株潭城市群改革试验的总体方案和试验区的改革年度计划或行动计划，指导协调各专项改革方案的编制和实施；负责试验区改革项目的立项、论证、报批等相关工作，监督改革项目的实施；研究提出试验区改革建设的重大政策和重要措施；协调解决综合配套改革工作中的重大问题；承办指导协调、监督检查省直有关部门和长株潭三市政府的综合配套改革工作的相关事宜；收集编发试验区改革相关信息。

（3）发展处。负责试验区的基础设施、产业发展、生态环境等区域重大项目的前期工作；协同省直有关部门审查长株潭城市群相关重大基础设施和重大产业项目，协调建设中的重大问题；承办组织审定利用长株潭城市群资源及对城市群生态环境有影响的自然资源开发利用活动和重大建设项目的相关事宜；承办统筹、协调长株潭城市群招商引资相关事宜；承办筹集、管理长株潭城市群综合配套改革建设发展专项资金相关事宜，研究并提出长株潭三市的资源补偿、生态补偿和污染补偿方案；承担世界银行贷款长株潭城市发展项目办公室的工作。

（4）规划局。组织制定长株潭城市群经济社会发展五年规划和长远规划；组织编制和实施长株潭城市群区域规划，指导协调长株潭城市群区域各专项规划和相关市域规划，组织指导空间管制区域的划分和分类管理；承办统筹、协调长株潭城市群生态建设和环境治理以及长株潭生态绿心和湘江生态经济带的生态建设和环境保护相关事宜；协调确定试验区范围内具有区域性重大影响的建设项目，并对其规划选址进行监督管理；指导、协调长株潭城市群资源的开发和利用，协调有关部门加强长株潭城市群土地宏观调控；监督《湖南省长株潭城市群区域规划条例》的实施；建立长株潭城市群区域规划动态监控信息系统，对空间管制区域进行动态监测。

当前，在长株潭城市群发展过程中，"两型办"起到了一定的区域协调作用，并且在"两型"发展、绿心保护、湘江治理等重要区域治理议题上对地方发挥了监督、奖惩等功能。同时，在现有的机构基础上，长株潭城市群八市分别设置各自的"两型社会"建设综合配套改革办公室，即各市的"两型办"，为"两型社会"建设综合配套改革领导小组的常设办事机构，归口各市发展改革委管理①。"两型办"虽然具有指导、协调、监督、检查、协助等职能，但是其经费仍然来源于省政府及各市政府，并且对地方政府没有直接的领导权与管辖权，故而，在区域管理过程中，往往缺乏实权，执行力较低，其作用仅停留在规划引导的基础作用上。

此外，湖南省人民政府也具有部分区域协调与区域管理的职能。首先，省政府对地方具有直接的管辖权，具有组织编制规划、审批用地指标、制定全省发展政策等重要权力，对长株潭城市群区域发展具有直接且重要的影响。其次，湖南省人民政府也是"两型办"的领导机构，对"两型办"的工作具有监督指导等作用；同时，湖南省人民政府不仅管辖长株潭城市群地区，还具有环长株潭城市群区域的区域管理职责。因而，考虑到权限的多重性，省政府将大量长株潭城市群的区域管理职责交付给"两型办"。因此，湖南省人民政府也是长株潭城市群区域管理的重要区域机构。

二、区域管理中地方机构职能分析

长株潭城市群区域管理的地方机构则是八市地方人民政府及市直机

---

① 长沙市政府门户网.关于印发《长沙市发展和改革委员会主要职责内设机构和人员编制规定》的通知[EB/OL].(2011-07-14).http://www.changsha.gov.cn/szf/zfgb/2011n/1115_15351/201111/t20111130_287558.html.

关，包括各市"两型办"。由于中国政府职能权限划分及业已形成的属地行政观念，这些地方政府在区域管理中受强烈的政绩观念影响，并且管理权限也有明确的行政界限划分。地方政府有处理地方日常事务的决定权，但是在日常区域管理过程中对上级政府较为依赖，同级部门之间往往条块分割、各自独立。

同时，湖南省为了推行"两型社会"建设，着手建设了五大综合配套改革试验示范区。这些示范区大部分在地理范围上超越地级市的行政辖区，形成了跨区域的综合示范区。五大示范区建设有自己独立的管理系统，由内部管理委员会进行整个区域的管理，并且由于跨越地级市（大河西示范区、天易示范区、昭山示范区、滨湖示范区），形成了各市分头管理的特征，跨区域建设示范区的初衷并未实现。《长株潭城市群区域规划（2008—2020）》提出由省政府直接管理各示范区，以推动跨区域建设。这些示范区总的来说是区域治理的地方机构，但是由于大部分具有跨市域的基本性质，在一定程度上也成为区域性的组织机构。

三、区域管理中非正式组织及公共参与分析

长株潭城市群非正式组织自20世纪90年代开始取得了快速发展。总体来看，长株潭城市群中非正式组织集中且数量多。2012年末，长株潭地区有社会组织3400多个，比2011年增长8%，约占湖南全省社会组织总数的16%。社会组织总收入已超过20亿元，专职人员8.8万多人，为社会提供就业岗位24万多个。其中，行业型非正式组织在长株潭城市群中发展非常迅速，排在之后的分别为专业型非正式组织、学术型非正式组织及联合性社会团体。专业型社会团体受经济全球化影响，近些年发展数量翻了五番，而知识发展推动了技术进步，学术型的非正式组织已有350多个。同时，联合性的非正式组织在2008年就已达到302个。总体来看，长株潭的非正式组织已经形成相对齐全的门类，有各自的责任分工，数量庞大。在发展上这些区域管理的非正式组织尚处于探索起步阶段。除此之外，民办非企业单位发展也非常迅速，成为非正式组织的重要组

成部分。长沙、株洲及湘潭三市联合形成大量囊括社会、文化、环保、技术等各层面的民办非企业单位。同时，集体、联营及合资企业也开始发展，这些企业吸引了大量公众参与其中，有助于体现群众的发展需求。据了解，2008年，长株潭区域内的卫生类民办非企业单位数量就已达68家之多（周振，2009）。

长株潭城市群的"两型社会"建设建立在公共参与的基础之上。2007年12月，由湖南省科技厅编制的《长株潭城市群资源节约型和环境友好型社会综合配套改革试验区的自主创新体系建设与改革方案》，该方案取得了各高校、科研院所、企业单位、管理部门等各方意见，并且实地调研，征集公众意见。召开三次专家咨询会，修改次数达到20多次。整体而言，长株潭的"两型社会"建设有公众参与其中，但是公民个体的力量仍然薄弱，对整个城市群的建设影响较小（张鹏，2010）。同时，长株潭城市群区域管理过程中的公共参与是以自主性为主，例如，浦发银行长沙分行数百名员工组织"清洁湘江母亲河"志愿服务活动，作为入湘十周年庆祝活动[1]；30多个家庭团来到岳阳市岳阳楼区植树1000多棵[2]；2014年植树节，45名环保工作者深入社区宣传绿色环保理念。公众参与环境治理、区域治理热情高，但是并未形成良好的公共参与机制，缺乏稳定的制度保障及政府的有序引导。

长株潭城市群作为国家"两型社会"建设示范区，在区域发展中需要践行"资源节约与环境友好"的发展理念。而纵观长株潭城市群发展历程，实现"两型社会"发展，需要突出解决"湘江治理、绿心保护与'两型'产业发展"三大核心议题。考虑到流域治理问题的复杂性与不确定性，本书致力于研究绿心保护问题及"两型"产业发展中的示范区建设问题。解决好这两个区域发展的核心问题，可以有效推动长株潭城市群的生态空间维护，加强"两型社会"建设示范效应。本章系统研究归

---

[1] 新浪湖南.浦发银行入湘10周年启动"清洁湘江"公益行[EB/OL].(2014-04-20).http://www.czt.gov.cn/Info.aspx?ModelId=1&Id=25642.

[2] 徐亚平."家庭团"植树1000棵[N].湖南日报，2014-04-07(1).

纳长株潭城市群绿心管理机制与"两型社会"建设示范区的管理机制，并从区域协同发展的角度在区域管理主体及跨区域的协同两个层面总结当前管理机制存在的制度缺陷。

第二节　长株潭城市群绿心传统管理机制分析

长株潭城市群"生态绿心"的概念由来已久。从行政界线上看，绿心处于长沙、株洲、湘潭三市的交汇处，同时也是三市的边缘地带，是建设和管理的边缘区。随着长株潭一体化战略的实施，绿心将变成城市群的几何中心和城市群多条生态廊道的汇集点。从其特征来看，绿心的管理机制可以包括绿心保护机制与绿心开发机制。

一、长株潭城市群绿心保护传统管理机制特征

长株潭城市群绿心保护管理机制是按照《绿心条例》中的要求所确立的。其中，绿心保护的管理主体主要是湖南省人民政府、省直各部门、省"两型办"、各市人民政府及乡镇人民政府。按照当前的条例规定，形成当前的管理体制，即省人民政府负责宏观把控，省直部门负责专项管理，"两型办"负责协调管理，地方政府负责地方绿心保护。具体管理职责如表5-1所示。

表5-1　湖南省长株潭城市群绿心保护各部门管理职能一览

区域管理部门	区域管理职责
省人民政府	统一领导绿心保护工作，处理绿心保护重大问题； 编制绿心保护总体规划； 将绿心地区总体规划草案提交省人大常委会审议，对审议结果进行修改完善； 审批各市依据总体规划制定的片区规划； 将生态绿心地区的保护纳入管理目标，建立生态绿心地区保护目标责任制； 加大对生态项目的支持力度，优先安排生态保护工程与公益性基础设施； 定期向本级人民代表大会常务委员会报告生态绿心地区的保护情况； 制定生态绿心地区总体规划实施督察制度，建立生态绿心地区总体规划实施监控信息系统，加强对有关部门和下级人民政府履行生态绿心地区保护职责的监督检查； 组织长沙市、株洲市、湘潭市人民政府建立生态绿心地区生态效益补偿机制

续表

区域管理部门	区域管理职责
省林业主管部门	负责绿心地区林业建设与保护工作； 指导督促长沙市、株洲市、湘潭市和涉及生态绿心地区的县（市、区）人民政府林业主管部门，按照生态绿心地区总体规划的要求，严格保护生态绿心地区的林地、林木、湿地和野生动植物资源
省国土资源主管部门	确定绿心地区土地基准地价； 指导督促长沙市、株洲市、湘潭市和涉及生态绿心地区的县（市、区）人民政府国土资源主管部门，加强对生态绿心地区城乡土地利用的管理，严格建设项目用地审批，优化土地利用结构，节约集约利用土地，提高土地综合利用效率； 清理非法采矿的企业
省住房和城乡建设主管部门	核发建设用地规划许可证、建设工程规划许可证、乡村建设规划许可证
省水行政主管部门	指导督促长沙市、株洲市、湘潭市和涉及生态绿心地区的县（市、区）人民政府水行政主管部门，严格保护生态绿心地区的水资源
省环境保护主管部门	指导督促长沙市、株洲市、湘潭市和涉及生态绿心地区的县（市、区）人民政府环境保护主管部门，严格实施生态绿心地区污染物排放总量控制，加强对污染的治理
省农业主管部门	指导督促长沙市、株洲市、湘潭市和涉及生态绿心地区的县（市、区）人民政府农业主管部门，对生态绿心地区养殖业结构进行调整；推广使用高效、安全的有机农药和无公害防治技术；引导科学施肥，鼓励使用有机肥，减少化肥使用量
省"两型办"	负责生态绿心地区保护工作的统筹、组织、协调、督查和服务； 拟订生态绿心地区总体规划草案或者修改草案时，应当征求长沙市、株洲市、湘潭市人民政府和其他有关方面意见，进行实地调查，组织专家评审； 审核三市依据绿心总体规划指定的片区发展规划； 根据生态绿心地区总体规划，确定生态绿心地区以及禁止开发区、限制开发区、控制建设区的具体界线，并向社会公告； 组织协调生态绿心地区控制建设区内重大建设项目的具体范围； 组织协调长沙市、株洲市、湘潭市人民政府和省人民政府有关部门，对生态绿心地区总体规划实施后审批的建设项目进行清理，对不符合生态绿心地区总体规划的建设项目，应当依法处理； 负责总体规划实施检查的具体工作； 通过政府门户网站，及时发布生态绿心地区保护工作的政务信息，接受社会公众的监督

续表

区域管理部门	区域管理职责
长株潭三市及乡镇政府	将生态绿心地区的保护纳入管理目标，建立生态绿心地区保护目标责任制； 定期向本级人民代表大会常务委员会报告生态绿心地区的保护情况； 开展生态文明宣传教育，利用广播、电视、报刊、网络等媒体，宣传生态绿心地区保护的重要性，提高全社会生态文明意识； 根据绿心总体规划，制定片区规划； 在禁止开发区、限制开发区设立保护标志； 对生态绿心总体规划实施后的审批建设项目实施清理； 根据生态绿心地区总体规划制定具体的保护工作方案，并督促落实； 加大对生态绿心地区的农村社会保障资金投入，逐步建立生态绿心地区城乡一体化社会保障制度，全面推行养老、医疗和最低生活保障等制度； 及时将生态绿心地区保护工作的政务信息报送省两型社会建设试验区领导协调工作机构； 其他涉及绿心保护的专项社会职能

资料来源：根据《湖南省长株潭城市群生态绿心地区保护条例》整理而得。

　　根据现阶段的管理规定及实际运作过程，可以将绿心保护工作的管理机制概括总结为"省政府及省直部门宏观把控，'两型办'监督、监察、协调与规划，地方政府分头落实上级政府行政命令"。而社会公众参与仅仅体现在"两型办"的规划编制、规划公告及政务门户网站的信息发布上，属于"被动型"公共参与模式。而在具体的控制性详细规划及建设项目审批过程中（见图5-1），也有部分公众参与其中。根据《湖南省长株潭城市群生态绿心地区控制性详细规划及建设项目规划管理暂行办法》，公共参与主要体现在控制性详细规划的审批过程，而在具体建设项目审批过程中，审批流程并没有突破传统的层级审批模式，决策流程的封闭性难以突破。

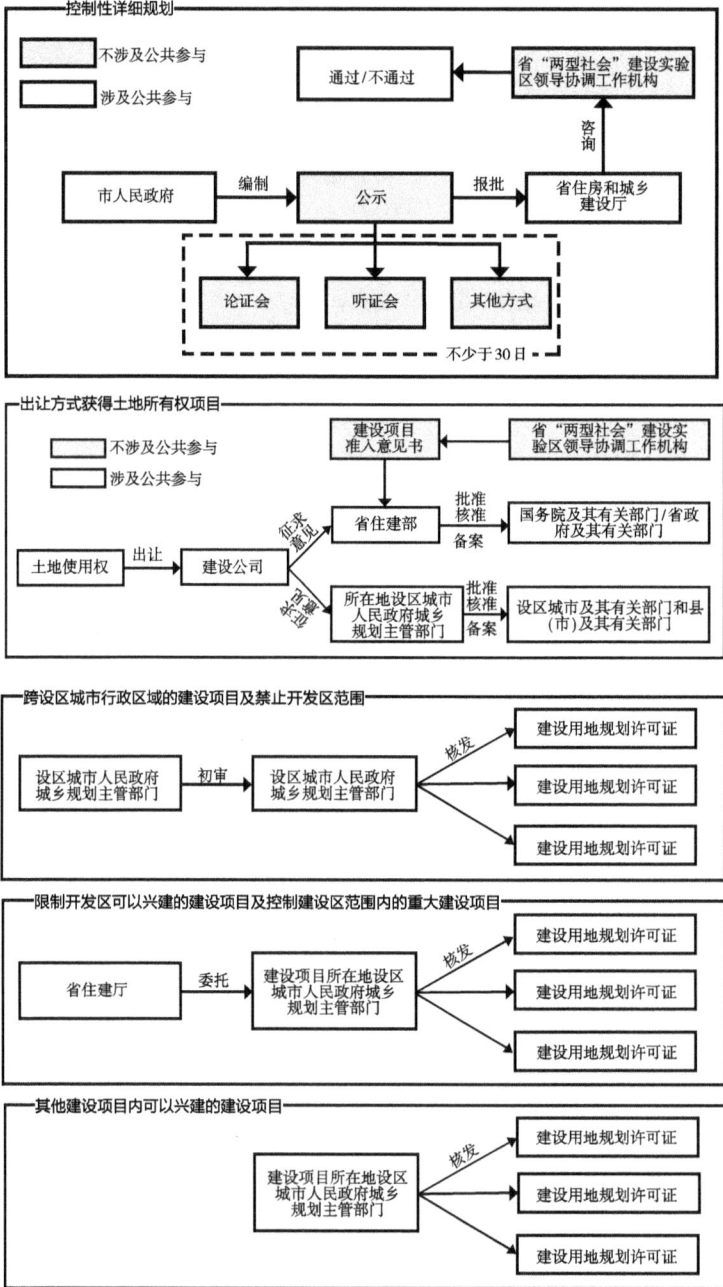

图5-1 绿心地区控制性详细规划及建设项目审批流程

现行的绿心保护管理机制依然坚持"单边政府管理"的基本模式。省政府宏观把控，依托省直部门及"两型办"实现与地方政府的衔接，而"两型办"在机构设置上由于缺乏独立的财权与行政管理权力，对地方政府的监督作用非常有限。所以，从政策执行的层级性来看，上下级监督管理机制明显，中间的协调机构严重弱化，形成"两头大，中间小"的行政管理特征。在管理主体上，非正式组织及社会公众对于绿心保护的参与不足。笔者在调研过程中，曾与居住在绿心地区的若干名居民进行访谈，相当一部分居民表示，即便在现行的公共参与机制下，仍然难以真正了解绿心保护的具体情况。普遍反映的问题有：一是消息不畅通，所获取的信息仍然以网络为主，一部分居民家中没有网络而无法及时跟进最新的绿心发展动态；二是网站公示很难看懂，或是专业性太强，或是图片模糊，有些网站甚至难以打开；三是很多公共参与的程序在实际过程中被忽略，公众只能成为被动接受者。不过访谈中，受访者总体反映长株潭"两型办"建设的"绿网"网站质量较高，是居民获取"绿心"基本情况最主要的渠道之一。

非政府组织在绿心保护过程中发挥的作用也相当有限，主要原因有两点：一是缺乏足够的资金支撑，很多非政府组织的运作资金来源于社会募捐，政府对社会组织的资助非常之少。以环保组织"绿色潇湘"为例，2012年，其所获总收入为571581.32元，其中2011年余额占0.11%，个人捐赠占4.13%，银行利息收入占0.11%，活动收入占6.14%，基金会项目收入占59.67%，其他收入占0.35%[①]。二是缺乏相关政策扶持，例如要求非政府组织登记时必须有主管单位，这就导致大量非政府组织因为缺少主管单位而难以登记注册。因此，非正式组织在参与实际区域事务治理的过程中阻碍重重。所以从管理主体上看，绿心保护的管理机制体现为"政府单边治理，其他主体被动参与"，尚未形成多主体共同参与的"多中心治理"模式。

---

① 绿色潇湘.绿色潇湘2012年度报告.http://www.greenhunan.org.cn/fileadmin/user_upload/%E7%BB%BF%E8%89%B2%E6%BD%87%E6%B9%982012%E5%B9%B4%E5%B7%A5%E4%BD%9C%E5%B9%B4%E6%8A%A5.pdf.

二、长株潭城市群绿心开发传统管理机制特征

绿心的保护与开发在一定意义上是相辅相成的。从管理机制上来看，绿心保护机制侧重于说明上下级政府间如何分工合作保护"绿心"不被侵蚀，维护生态空间地位；"绿心"的开发管理机制注重于说明如何在限制开发区与控制开发区进行项目开发。

在时间维度上，长株潭绿心地区建设项目管理机制发生了一次变迁，这次转折点就是《绿心条例》的颁布。2013年3月以前，绿心地区建设项目的审批权归属地方政府，由地方政府负责对项目立项，同时监督检查项目实施情况。2013年3月《绿心条例》颁布之后，项目审批权收归省政府，地方不再具备项目立项权。从整体的管理上看，实现了由"分头谋划"到"统一管理"的特征转变。从纵向开发管理角度看，实现了审批权上移的基本转变，有效地保障了在省政府的强力监督下，绿心开发项目满足基本的准入门槛，对于维护绿心地区的生态环境具有重要作用。而之前，由地方政府负责审批的大量建设项目对生态绿心产生了空间蚕食。诸如株洲市的秋瑾株洲故居修复工程、长沙市的比亚迪汽车工业基地一期工程等，还存在一些未批已建的项目。但是，从横向跨市的合作管理来看，至今尚未形成跨市协调共建的管理模式。例如在跨市的道路交通建设项目中，依然分头建设，各自管理，跨市协调机制并未形成。整体而言，长株潭城市群"绿心"开发管理机制的基本特征是纵向由地方政府独立审批立项转向由省政府统一管理，而横向上是"分头建设，各自为政"。

三、长株潭城市群"绿心"管理机制改革必要性

在生态空间的保护与开发过程中，有必要打破传统的层级管理，加强多中心共同参与治理、跨政府协同保护与开发，实现传统管理机制向多中心协同治理的方向转变。原来各自保护与开发的模式已不再适应当前城市群发展需要，主要基于以下三点原因。

（一）生态空间的完整性要求协同一体化的保护机制

生态空间作为非建成环境，在空间属性上具有生态性、完整性的基本特征。长株潭绿心作为跨越三市的绿色生态空间，虽然为行政界线所划分，变成三个部分，但是在生态空间内部存在生态群落的地域流动与流的交换。这些构成了生态空间完整性的基本特征。以长株潭生态绿色空间为例，其作为重要的生态林地，一旦发生森林火灾及虫灾等自然灾害，这些灾害很容易突破行政界线，蔓延至整个区域，在区域层面如果采取分头治理、各自为政的管理模式，必然导致跨区域管理失效，延误绿心保护的最佳时机。

此外，当前长株潭城市群城镇化速度飞快，工业用地膨胀导致耕地大量丧失。在如此急迫的用地供需矛盾中，如果依然采取分头管理的方式，无疑会导致某市一旦突破保护要求，随意破坏"绿心"生态，即便是在自己的市域范围也必然会导致"绿心"整个生态系统内部的紊乱。因此，有必要在现有的传统管理机制中，建立可操作的多主体参与且跨区域合作的管理模式。

（二）区域规划中的空间一体化要求建立跨辖区的合作机制

区域规划作为城市群发展的指导纲要，尤其是在空间发展策略上，能够理性地塑造出具有地域生态特色、经济特色及文化特色的空间结构。而空间结构对城市群的发展提供空间指引，优化整体的布局结构与发展路径。

《长株潭城市群区域规划（2008—2020）》对长株潭城市群的核心区的空间结构定义为"一心、双轴、双带"。"一心"为三市结合的绿心部分，作为生态基地良好的地区，要发展成为三市连接的纽带。"双轴"为长株东线重点发展轴与长潭沿湘江重点提升轴，"双带"分别是北部东西综合发展带及南部东西优化发展带。区域规划将绿心视作一个整体的生态空间，在规划中提出要在保护生态的基础上发展生态旅游、休闲度假、会展博览与商务娱乐等功能。一体化的空间发展策略要求建立在跨市之间形成高效的跨区域协同治理的基本制度框架。并且，在区域层面高度统筹绿心的保护与发展，就行政划分来保护与开发绿心往往造成绿心保护与发展符合局部利益，与城市群发展的核心利益及区域整体利益相违背。

（三）现状的分头管理机制导致实际过程中监管缺失、权力寻租产生

分头保护与开发的管理机制在实际过程中将导致开发项目的监督缺失。地方政府由于具有开发项目的立项权，在绿心保护过程中，虽然有总体建设指标的限制以及上级政府的监管，但是地方政府往往基于自身利益，尤其是受传统行政绩效思想的影响，对上马工程在实际操作中进行"再包装"，突出其环保性质，淡化其破坏生态等方面的生产功能。加之公众监督渠道不畅且流于形式，在实际操作中出现了监督缺失现象。大量的权力寻租由此产生了。此外，在绿心保护过程中，现状生态补偿机制并未建立，省政府及各市政府尚未建立专项的生态补偿基金。在实际操作中，各级政府也未完全按照《绿心条例》上对出让土地征收补偿金。以上问题的解决都依赖于跨辖区的协调与资源整合，在单个辖区层面难以彻底解决。

第三节　长株潭城市群"两型社会"示范区传统管理机制分析

一、长株潭城市群"两型社会"示范区传统管理机制特征

示范区建设是湖南省"两型社会"建设的重要特色，当前，长株潭城市群建设有"大河西、云龙、天易、昭山、滨湖"五大示范区（见表4-5）。关于示范区的基本情况，前文已做论述，而就管理体制而言，为了便于属地管理，形成了"十八片"的概念。具体而言，十八片包括大河西先导区、金霞片区、铜宫片区、安青片区、云龙片区、天易片区、清水塘片区、昭山片区、九华片区、天元片区、白沙片区、城陵矶片区、

营田片区、界头铺片区、新市片区、德山片区、益阳东部新区、水府片区。《长株潭城市群区域规划（2008—2020）》指出，着力打造五个示范区，旨在建立跨区域的示范区，由省政府及"两型办"统一协调管理。而"两型办"的职能之一就是指导示范区建设，为与"两型"产业发展相关的问题提供咨询服务及研究职能。但现状是在示范区跨市管理层面，五大示范区均存在共性问题：示范区跨区域合作管理模式未形成，示范区统一治理被下属十八片各自管委会管理所取代，导致示范区下属片区分头管理（见图5-2、图5-3）。由此，示范区概念"名存实亡"，只有通过十八片才能落实空间布局与行政管理，各市分头管辖使得示范区整体效益难以维持，区域规划中要求跨区域建设示范区成为一纸空文。

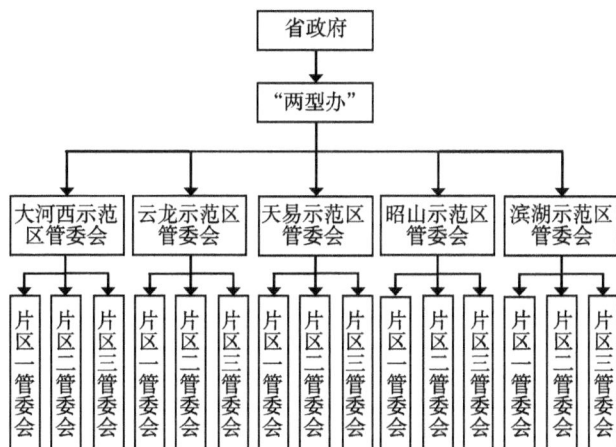

图5-2　示范区治理理想模式

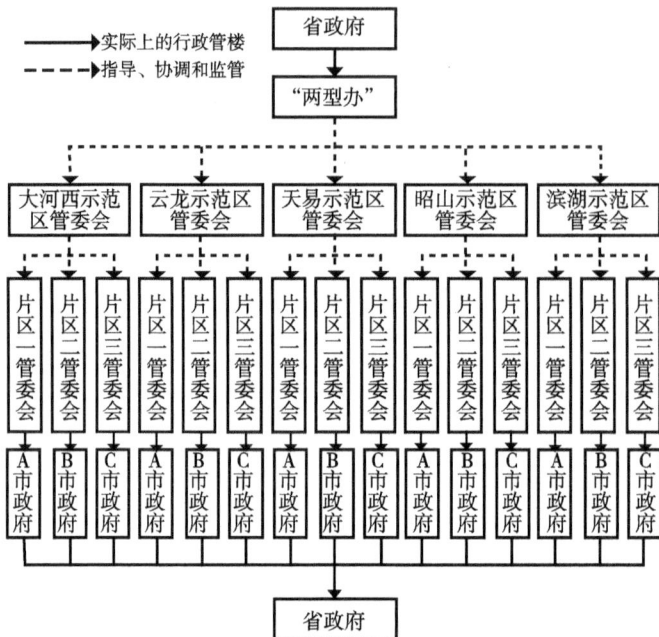

图5-3 示范区治理现状模式

在示范区管委会设置上，不再设立以示范区为单位的管委会，而是形成十八片各自由管委会分头管理各自片区，各自片区管委会对片区所在市政府负责的基本局面。由此可以将示范区管理机制概括为"五区管委会空心化、十八片管委会强化、十八片分别对市负责、'两型办'负责指导协调"的基本特征。在管理机制上，十八片管委会的职能有统一制定先导区资源节约型和环境友好型社会建设综合配套改革政策和实施方案；统一制定先导区经济社会发展和城乡建设规划，并负责做好组织实施和管理；统一先导区土地开发利用的管理、审批和储备工作；统一先导区的产业布局与环境整治和项目准入；统一先导区重大项目的策划与建设；市委赋予的先导区党工委党的建设、组织建设职责和市人民政府赋予的其他职责。

根据上述分析，由于在示范区的区域管理体制中，五大示范区的概念被淡化，实际建设过程已演变为十八个片区各自根据自身情况由片区管委会对片区进行分头管理的情况。各片区也不受示范区管委会的直接管理，而是直接受所在市市政府管理，由此导致示范区范围内利益分化，各市分头治理，由"两型办"推动指定的五区十八片总体规划及专项规划在执行上受到部门利益及不同市的利益驱动，条块碎化，难以同步实施，区域协同发展步履维艰，五大示范区形同虚设。

二、长株潭城市群"两型社会"示范区传统管理机制改革必要性

现阶段长株潭城市群中示范区建设的跨区域协同管理并未形成。五区概念淡化，以十八片的形式分头归口各市管理，示范区管委会被架空，并且示范区之间及十八片之间的跨区合作管理也并未形成。从示范区的发展特征及发展诉求来看，需要改革现有的管理机制，建立多中心网络化的治理机制。

首先，在产业发展上（见表5-2），缺乏合作交流，在片区层面容易产生相互之间的逐底竞争，包括同市的不同片区及跨市的同片区，甚至不同地域的示范区之间。这些恶性竞争广泛存在于产业发展与争夺优惠政策，进一步造成重复建设与产业同构现象。其次，各片区归口不同市政府管理。在片区发展上，片区地位无形中被降低，示范带头作用难以凸显。各市政府受传统的行政考评体制影响，经济发展中倾向于忽视"两型"发展，对污染企业进行包装改造，引入各片区，实际上还是形成污染企业带头的非集约发展模式。再次，由于经济基础的差异性，各示范区引入的产业门类不尽相同。但是各市分头管辖的模式在产业引入上给城市以及城市群成绵的产业分工与互补带来严重阻碍。最后，多中心多主体的协同治理模式尚未形成，使得示范区的发展缺乏公众监督与反馈渠道。地方政府与上级政府对接中，"报喜不报忧，欺上瞒下"等现象时有发生，缺乏监督机制成为示范区发展的严重阻碍。

表5-2 十八片区定位及主要产业类型一览

名称	区域位置	片区定位及产业类型
长沙大河西先导区	滨江新城片区、雷锋片区、梅溪湖片区、岳麓山片区、大学城片区、洋湖垸片区和含浦坪塘片	重点发展金融商务、教育科研、国际会议、总部经济、文化创意产业展示等
长沙金霞片区	金霞物流及港铁联运组团芙蓉北路以西的部分	中小企业孵化基地、长沙"两化"融合示范基地、总部经济基地及其他工业项目
益阳东部新城片区	沧水铺发展的东部新区	大力发展承接符合"两型"要求的制造业转移，建设工业园区
常德德山片区	长益常城际铁路车站周边区域、白鹤乡镇	先进制造业园、特色旅游镇
株洲云龙片区	云龙大道和龙母河地区分片区建设	科教研发城、服务创意区和旅游休闲谷三个片区各选择一部分地区进行先期建设
株洲清水塘片区	轨道交通产业园及国际环保产业园两产业片区、长株潭区域物流中心	交通产业、环保产业及现代物流
湘潭易家湾、昭山片区	城际轨道站车商业组团、仰天湖会展商务组团	现代服务、生态建设和创意产业
湘潭九华片区	响水乡（10km²）	先进制造业基地、科教、现代服务新型产业园、宜居新城
娄底水府庙片区	娄星区涟滨办事处、大埠桥办事处、大科办事处、万宝镇、茶园镇、百亩乡，双峰县杏子铺镇、洪山殿镇、蛇形山镇，涟源市水洞底镇	先进制造业配套服务聚集区、新材料研发区、文化体育生态休闲和新型城市化建设示范区
株洲天元示范区	新马工业园（10km²）	汽车、风电设备制造
湘潭易俗河片区	东部新城区	推动商务等高端服务业发展及居住地块的开发，建设生态国际总部区
衡阳白沙片区	原白沙洲工业园区的核心范围	电子电力设备、机械加工、汽车配件等先进制造业
长沙县安青片区	三镇分别依托快速路出入口周边建设	以城镇功能、休闲服务功能、现代综合农业为主
望城县铜宫片区规划	铜宫片滨水区铜官循环工业基地、铜官窑遗址——彩陶源旅游区与何桥仓储物流区	新型循环工业、建材产业、风貌旅游、仓储物流、生态居住
湘阴县界头铺片区规划	包括沿芙蓉北路两侧的南北两片地块	北部地块为行政文化商业综合片区、南部地块为生态产业园综合片区
汨罗市新市片区规划	南区依托交易市场建设、北区依托屈子祠核心景区和屈原文化产业园建设	再生资源产业、文化旅游产业
屈原营田片区规划	推山咀航运物流临港产业基地（1.5km²）	以开发工业、仓储用地为主

名称	区域位置	片区定位及产业类型
岳阳城陵矶片区规划	以城陵矶片港为重点，以长江大道为主轴	区域性航运中心和现代物流基地、临港产业基地

资料来源：摘自《长株潭城市群区域规划（2008—2020）》（2014年调整）的"长株潭改革试验区深度推进路径研究"专题。

第四节　长株潭城市群传统管理机制缺陷分析

一、区域管理主体权限不对等，部分主体管理权力缺失

根据多中心网络治理理论，在区域治理过程中，多主体参与治理具有三方面的正效应：一是形成相互监督机制，在治理的重大问题中避免"制度陷阱"与"寻租空间"的出现；二是多方治理主体根据自身利益出发，在运行成熟的制度下，多主体利益得到最优化分配；三是提高治理效率，可通过激励地方非正式组织及公众力量，分担部分治理职责，提高行政及治理效率。

长株潭城市群宏观区域管理机制、绿心保护与开发管理机制及示范区建设的管理机制目前体现出政府单边管理、非正式组织及公众边缘化的基本特征，从"区域管理"向"区域治理"的转型依然任重道远。首先，在区域管理过程中，中央政府在区域管理中对长株潭城市群发展的方针政策过于宽泛，导致实际建设过程中出现盲目操作的问题。2007年12月，国务院批准长株潭城市群为"全国资源节约型和环境友好型社会综合配套改革试验区"，但是"两型"发展的政策内容对地方区域管理的指导作用较弱，具体执行有待细化。

其次，在跨区域合作管理过程中，管理主体单一。涉及区域协同发展时，目前存在的区域协调机构"两型办"并非与其他省直部门地位相同，也并非是建立在各市之上的协调机构，而仅作为协调部门挂靠在省发展改革委之下。由于并非实体的行政机构，"两型办"作为协调机构，

缺乏独立财权，与地方机构缺乏直接行政隶属关系，导致对地方实际协调控制能力大为削弱。在绿心保护的管理机制中，"两型办"负责编制规划、监督检查、指导与协调地方绿心保护的基本职能。而在实际调研过程中，"两型办"的规划编制工作引发大量地区矛盾，三市均提出涉及绿心范围调整的规划诉求。长沙市局部地区由于绿心保护范围划定与实际建设情况不相符，大量项目无法实施。不同层次的规划在日期上相互重叠矛盾，导致现象与规划不符。在重大项目立项建设过程中，《绿心条例》未能确立"两型办"的监督检查职责，而是强调其统筹协调的职责，导致大量项目违规上马，绿心空间不断被蚕食与消磨。相比强势的省政府与地方政府，作为区域组织的"两型办"职能弱化，导致上下级政府间在绿心保护问题上存在严重的交流不畅，绿心保护在地方层面的执行往往与上级政府的要求相背离。地方政府力图在《绿心规划》的基础上，调整绿心空间，保证地方建设的连续性与操作性。而上级政府则立足生态维护，制定了严格的绿心保护标准，"两型办"的职能缺失导致绿心保护矛盾重重。

在示范区管理中，从现阶段的实际效果来看，"两型办"监督、审查职能也严重缺失。在实际过程中"两型办"只对五大示范区具有区域协调的职能，加之财权、监督权等的缺失，实际的区域协调效果并不理想。同时，作为政策咨询机构，其并没有实际政策的制定权，必须依附于省政府及发展改革委。由此，区域管理能力大打折扣。各示范区由于受行政建制约束，跨区域协同发展并未实现。现阶段，各示范区下属十八片管委会隶属于各市管辖，因而，城市边界划分引发了区域治理主体分化，治理主体间责权不清，导致跨区域建设示范区的最初设想并未实现。

最后，作为区域管理重要环节的非正式组织及群众参与严重不足，尤其是对于企业、民间资本及非正式组织的吸纳不足。近些年，非正式组织的发展已取得了一定成果，2009年底，长株潭三市登记注册民间组织3390个，约占全省总数的22.6%。然而，长株潭城市群的非正式组织仍面临经费不足的问题，长期依靠收取会费、企业捐赠及咨询服务等获取经费。政府长期忽视非政府组织，缺少资金扶持。单一的资金获取渠道导致非正式组织运作资金匮乏，组织运作难以为继。同时，行政权的缺乏导致实际治理中非政府组织难以有所作为。此外，如上文所说，公共参与停留在自发性、自组织的阶段，缺乏强有力的制度推动公众积极参与区域管理，公众在区域管理中依旧停留在被动接受层面。同样以环保为例，目前环保法规规定公众有参与环境保护的权利，但是在涉及具体操作流程，诸如污染工厂废水排放、废气排放等问题时，对于公众如何监督、如何反映问题均缺乏具体规定。

二、跨区域协同管理机制不健全，缺乏实际操作性

在长株潭城市群内部跨区域合作治理包含两个层面：第一层面指不同市之间的跨市合作；第二层面指示范区层面的跨市合作治理。同时，在跨市的合作中，绿心范围的建设谈判、示范区的跨片建设与合作等都应该包含其中。解决跨市合作问题，最重要的就是建立良好稳定的联席会议制度。

跨市合作层面存在的问题主要表现为区域管理中跨市协调的制度化程度低，并且行政区划体制严重影响长株潭城市群的跨市合作。根据中国区域治理经验，跨市合作主要通过上级行政命令、各市联合会议、行政区划变动等方式实现。跨市合作的主要行动以经济利益为驱动，作为一种地方政府倡导的非制度性的协调合作（卢帅兵，2009），在经济利益变动的情况下，往往造成区域协调的崩坏，缺乏制度保障。例如，2006年第一次召开长株潭三市党政领导联席会议，会议为推动长株潭经济一体化起到重要作用，但是此后，伴随地方领导职位调动，联席会议制度被架空。此外，2019年长株潭三市签署了《长株潭城市群公共资源交易市场一体化发展合作备忘录》和《长株潭城市群远程异地评标合作框架协议》，以期实现三地公共资源交易平台互联互通、资源共享、规则统一，但是在实际运作过程中各市政府推进缓慢，导致项目实施标准并未达成完全统一，仅停留在部分项目的试点上。所以，尽管长株潭城市群

的跨市合作行动时有发生（见表5-3），仍有必要在区域公共事务处理及公共利益协调上形成制度性的保障以维护区域利益。同时，由于受"行政区经济"的影响，地方政府在跨市合作管理中"地方保护主义"思想强烈，三市合作仅仅是"蜻蜓点水"，制定政策难有实际进展，特别是在绿心保护、产业对接、基础设施共建、生态补偿制度建设等问题上，导致区域协同发展层次较低，严重滞后于长株潭经济社会一体化的步伐。例如，往返长沙与株洲之间，短短几十公里却设置8个收费站；而在换星沙20公里范围内，竟有16个收费站，甚至一公里就有2个收费站。星罗棋布的收费站人为地阻隔了三市之间的市场资金、人才流动。在绿心的跨市建设项目中，调研中发现出于以经济增长为导向的政绩观及以城市为基本行政单元的政府行政体系，实际建设中地方政府依然是分头建设、各自为政。没有制度化的联席会议及谈判机制，使得城市层面的区域合作举步维艰，跨区域的建设合作项目经常被迫中断。

表5-3　湖南省长株潭城市群跨市合作大事件一览

年份	事件	内容
1996	长株潭三市市委、市政府及湖南省社科院召开"长株潭经济区发展研讨会"	系统讨论长株潭实现经济一体化的可行道路
1997	长株潭三市党政主要负责人及省直有关领导参加"长株潭座谈会"	提出把长株潭作为湖南经济增长的增长极
1999	长株潭一体化专题座谈会召开	"五同"规划：交通同环、电力同网、金融同城、信息同享、环境同治
2006	长株潭三市党政领导联席会议召开	制定了《联席会议议事规则》，签署了《长株潭区域合作框架协议》以及工业、科技、环保三个合作协议
2009	通信一体化谈判	成功实现长株潭三市长途区号统一为0731，电话号码升8位
2010	长株潭城市群八市规划局长联席会议第一次会议召开	确立进行规划对接，形成规划合作及重大项目商讨的意愿
2011	长株潭三市基础设施共建联席会议召开	提出加强基础设施共建、社会设施共享的基本原则，讨论重大交通走线等问题
2012	全省环境保护工作会议召开	在长株潭地区开展机动车尾气治理，全力推动株洲清水塘、衡阳水口山、郴州三十六湾和娄底锡矿山等重点区域污染防治方案的实施

年份	事件	内容
2015	省政府颁布新版《长株潭城市群区域规划（2008—2020 年）》	颁布了经2014年调整的新《长株潭城市群区域规划（2008—2020 年）》，为长株潭城市群的发展提供最新、最科学的指引
2017	省住房城乡建设厅颁布《长株潭城市群生态绿心地区规划管理办法》	通过"绿网"设立绿心违法监督平台；依托"天眼"系统，对绿心地区地块信息变化进行卫星监测监控
2019	省委常委会议决策实施"三干两轨"工程	实施"三干"项目，计划芙蓉大道、洞株路、潭州大道的通行时间由原来的1小时左右减少至半小时以内

资料来源：根据调研相关资料整理而得。

　　跨示范区层面，在单个示范区内部，由于目前尚无统一管理的示范区管委会，加之"两型办"在区域管理中缺乏行政权，十八片管委会分属所在市各自管理，在区域发展中形成竞争关系，区域协同发展基本被搁置。笔者调研过程中发现在示范区建设之初，各片区相继引入"两型"环保产业，在发展中强调各自特色，如大河西示范区在发展过程中强调产业发展的自主创新性，云龙示范区强调示范区的综合新城发展路径，天易示范区强调建设创新服务业基地等。然而，由于缺乏跨示范区以及跨片区层面的协调制度，区域竞争逐渐白热化，逐底竞争逐步取代有序发展与合作。加之缺乏"两型"产业的准入门槛，实际上示范区的发展建设沦为城市间的竞争工具，大量非"两型"产业项目上马，示范区的示范带头作用未能体现。

三、城市协议缺乏刚性约束与跨区域监督机构制约

　　由于多中心城市群的地理特点，区域管理中对多元利益的协调及权力约束显得至关重要。目前，在长株潭城市群的区域管理模式中，缺乏刚性约束与监督机制。所谓约束机制就是要建立有力的评价考核机制，核心是要将区域管理的绩效纳入官员的考核标准中，把官员的晋升与区域协同治理密切联系起来（陈征卫，2010）。目前，长株潭区域合作过程中签订的《长株潭区域合作框架协议》《长株潭三市党政领导联席会议议

事规则》《长株潭工业合作协议》《长株潭科技合作协议》《长株潭环保合作协议》以及共同编制的《长株潭城市群区域规划（2008—2020）》《长株潭区域一体化发展规划纲要》，均以区域协同发展的合作目标与合作的主要事项为主，缺乏对于政策的实施监督与相关的评价及约束性内容，缺乏实质上的执行约束力。

同时，由于协议本身是政治合同，其制定程序也未经同级人大审核，缺乏法律的约束力，进而只能依靠合同本身的违约机制对合作主体实现约束。而城市间的协议目前并没有违约惩罚措施，作为不完全合同，约束力非常低。由此，因为缺乏区域协同发展的法律、法规以及实现跨区域管理的监督机构，政府行为中机会主义出现，进而影响区域协同管理机制的建构与稳定。

而区域监督机构本应由"两型办"及其各市的"两型办"充当，但在实际职能划分中，由于分别归属于省发展改革委及各市人民政府管理，在管理职权上，仅具有协调与指导的权力，缺乏行政管辖权及独立财权，连基本的监督检查的权力也丧失。所以，"两型办"对地方政府难以行使强有力的监督检察职能，造成跨示范区合作及跨市合作的监督检查缺位，加剧了地方矛盾，阻碍了产业协同，基础设施协同更是难上加难。

四、跨区域合作治理意识淡薄，行政界线分割下分头治理难以规避

当前，长株潭城市群区域管理模式中，地方政府成为地方基础设施、产业、绿心保护、示范区建设等多项管理行为的主要承担者。但长期以来，地方政府作为区域管理的重要执行者，由于受传统"行政经济"思想的影响，在区域协同发展中，往往形成被动接受的依赖的思想、不为而无过的无为思想及利益最大化的功利思想（宋芳，2006）。在市场经济下，各市传统的区域管理观导致跨区域协同发展难以实现，城市建设各自为政，跨区域的联系被忽略，形成分头管理的局面。例如在重大基础设施建设上，"南横线"跳马段难以建设就是各市分头建设、利益诉求不同所导致的。可以设想，如果不能够在区域管理过程中有效打破行政界限的划分，改变传统的区域治理思想，则实现跨区域的协同管理必将举步维艰。

此外，传统的政绩考核体系和干部考核制度严重阻碍跨区域的协同管理。首先，当前长株潭城市群的政绩考核体系不够系统和健全，注重地区生产总值和财政收入的增加，对于经济结构、人口资源环境保护等方面重视不足。其次，政绩考核主体单一，仅为上级主管部门，缺少公众对于干部政绩的审核，这就导致在区域治理过程中，大量跨区域的关乎地区公共核心利益的项目难以动工或无法落地。最后，跨区域的合作未能成为政绩考核的有效组成部分，在政绩考核体系中，行政区思想贯穿其中（姚军，2006）。

五、区域规划内容空泛，缺乏对跨区域协同发展指导

本书所指的区域规划是指区域空间规划，即依托《长株潭城市群区域规划（2008—2020）》，形成一整套涉及长株潭区域发展的空间规划系列。城市群区域规划作为实现城市群区域管理的宏观蓝图与技术指导，对于城市群管理模式与管理绩效产生深刻影响。其中典型的就是兰斯塔德地区通过空间规划的调整，在国家战略层次实现区域治理的重心转变。

长株潭区域规划的编制在宏观上带有中国传统的计划经济模式的色彩，依靠国家政府的上下级行政关系保证实施。并且《长株潭城市群区域规划（2008—2020）》法律地位并不明确。上位法律只规定了《长株潭城市群区域规划（2008—2020）》的编制主体，但是由区域规划所确定的区域治理主体无从规定，规划的实施保障手段相对缺失（罗震东，2006）。

目前，长株潭城市群区域规划制定已有三版，分别为《长株潭城市群区域规划（2003—2020）》《长株潭城市群区域规划（2008—2020）》《长株潭区域一体化发展规划纲要》。第一版区域规划主要为长株潭一体化的发展打下基础，提出长株潭核心区概念，并着手建设长株潭基础设施平台等，为长株潭一体化发展提供前期的规划引导。第二版区域规划重在

搭建"两型"发展体系，提出跨区域建设示范区、制定"两型社会"发展的评价指标体系等，重点构建"两型"发展的基本框架。第三版区域规划坚持新发展理念，紧扣"高质量"和"一体化"两个关键，明确了长株潭区域一体化发展的三大战略定位：将长株潭区域建设成为中部地区高质量发展核心增长极、全国城市群一体化发展示范区和全国生态文明建设先行区，形成开放、包容、合作、共享的中部地区高质量发展新引擎。

前两版区域规划在政策与理念上具有一脉相承的关系，但在区域协同发展模式上，并未有足够的创新与深入的研究。在区域管理的总体方式上仍然坚持"强势省政府"为主导，地方配合积极建设的老路子。同时，《长株潭城市群区域规划（2008—2020）》所提出的创新性区域管理路径并未起到应有作用。跨区域建设示范区的规划设想在实际操作中因为行政建制的阻隔而成为一纸空文。而为"两型社会"建设所划定的指标体系则存在指标过多、不易考核等问题，特别是对湘江污染及重金属超标等地方关键问题未予体现，存在指标复杂、难以统计等问题，实际操作中对长株潭"两型"建设帮助甚小，有时甚至成为制约地方发展的现实障碍。

除此之外，涉及区域发展的五区十八片的总体规划由于受行政建制的影响，实施举步维艰。《绿心规划》的制定与地方利益存在诸多违背之处，在区域管理过程中，反而加剧地方矛盾，进而各市极力呼吁修改《绿心规划》。除此之外，其他诸如《长株潭环境同治规划》《长株潭城市群系统性融资规划》《环长株潭城市群旅游发展规划（2012—2020年）》等规划文件，缺乏实践调查与规划思想的创新，在实际的区域管理中，部门利益分化、各市利益冲突的现象屡屡出现。

第六章　长株潭城市群多中心网络治理策略研究①

第一节　长株潭城市群多中心网络治理机制构建

　　根据长株潭城市群的发展特征（见表4-4），处于快速成长期的长株潭城市群，虽然具备多中心的空间结构，但在区域管理过程中，体现出政府单边管理、多位管理主体地位缺失、跨市协调机制不健全的基本特点。各项管理机制未能通过法律形式予以确认。因此，现阶段长株潭城市群的管理模式具有建立在行政建制下的传统"管制"特色。本书旨在对现阶段长株潭城市群区域发展各自为政的管理特征提出区域治理策略，促进其多层次地实现由"传统管理"向现代意义的"多中心治理"的转变。在区域协同发展中，对比目前的区域管理机制，笔者认为，要实现符合长株潭城市群的区域协同发展，应该将区域协同模式与区域治理模式相结合。

　　综合来看，长株潭城市群处于区域协调发展中期，区域协调发展应该逐步走向完善。具体体现在以下六个方面：一是区域协调的主体应该多样化，避免"政府一头热"的现象；二是不再仅仅关注区域内部主体之间的协调，应将区域看作开放系统，实现区域与外部之间的良好交流；三是区域协调的目标是实现地区间的产业互补、分工合理的产业布局体系；四是区域空间结构的发展与资源环境发展相协调；五是运用区域协调的手段打破传统的行政手段，通过经济手段与法律手段共同实现区域协调；六是区域协调程序也开始逐步由简单走向复杂与完善（孙海燕，

① 本章部分内容发表在：张衍春,吕斌,许顺才,等.长株潭城市群多中心网络治理机制研究[J].城市发展研究,2015(1):28-37.

2007 ）。

同时，根据国内外城市群的区域治理经验，在中国实现区域治理方式的改革并非一朝一夕之事，其中涉及行政管理体制改革、税收政策改革、土地制度改革等，治理模式也应逐步调整。为适应现代区域治理的要求与现代政府管理模式要求，笔者认为，应由现有的政府单边管理模式向组织间的网络模式转化。但是，这样的区域治理模式的转化应该是分步骤和有重点的。同时，应充分借助区域规划的公共政策属性与空间构建的基本功能，实现区域治理模式的变革。网络化的区域治理模式需要实现区域治理主体的多元化与区域治理责任的共同承担。通过网络设计将各区域治理主体纳入其中，并建立良好的信任机制与协调机制，实现政策网络化（吴瑞坚，2014；张衔春等，2017 ）。

结合上述分析，构建出长株潭城市群多中心网络治理基本制度框架（见图6-1）。根据网络化治理模式的基本内涵，长株潭城市群区域协同发展机制具有如下特征：

（1）区域治理主体多元化，在区域治理过程中实现多主体合作治理；

（2）区域多主体分工合作，每个区域治理主体有各自的职责；

（3）形成相互协作且具有共同治理目标的治理网络；

（4）具有强大的以共同价值取向为基础的相互信任格局；

（5）为避免区域协作的断裂，形成可操作的区域风险承担体系；

（6）形成可操作的、具有指导意义的区域空间规划，对区域治理的演变产生引导作用。

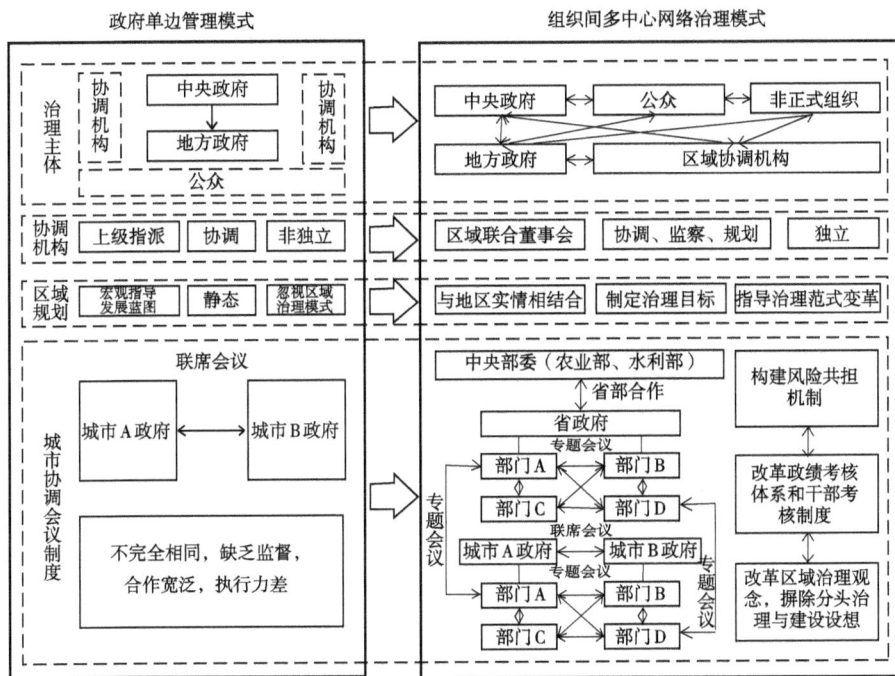

图6-1　长株潭城市群网络化治理模式示意

　　笔者认为，在区域层面应打破传统的政府单边管理模式，建立城市群范围内多中心网络化的治理模式。同时，在网络化的治理模式中，要结合中国国情，优化长株潭城市群区域管理传统模式（见表2-3）。本书认为，需要在城市群范围内建立多中心网络化的区域治理模式，即实现从传统的以运用行政权力为治理手段的行政管理模式向以治理主体多元化为特征的现代社会治理模式的转变（秦继伟，陈成文，2013）。在此模式基础上，重点是要建立多主体共同参与的治理模式，形成动态良性的治理网络（见图6-2）。

　　根据网络治理与区域协调的发展要求，长株潭城市群区域协同治理需要实现三个方面要求，即区域治理主体多元化、平等协商、相互依赖且风险共担（余军华，吕丽娜，2012）。基于此，本书提出迈向"多中心网络治理"的改进策略。

137

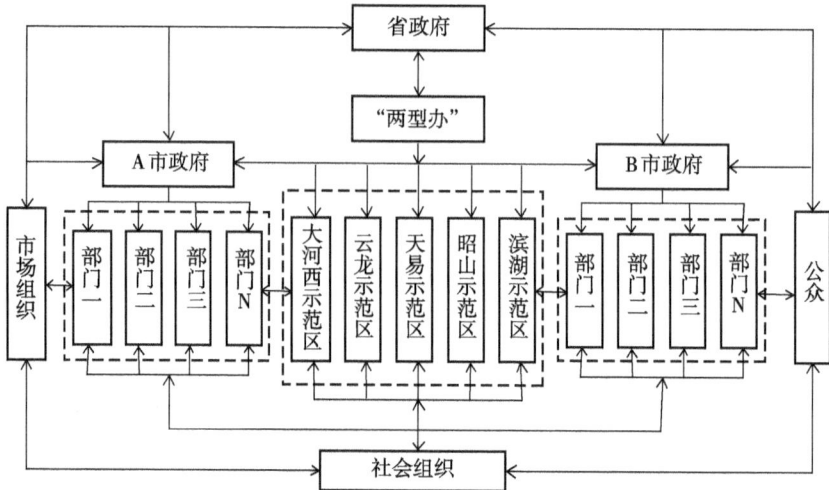

图6-2　长株潭城市群多主体共同治理模式示意

第二节　长株潭城市群多中心网络治理策略

一、多途径、多方式实现区域管理主体多元化与协调化

（一）加强行政体制改革，简政放权，实现中央政府与地方政府合理的区域管理分工

在长株潭城市群区域管理过程中，中央对于地方发展现状的信息缺失与相关政策缺位降低了地方政府的区域管理热情，缺乏政策执行中的灵活度与创造性。当前，针对这一问题，党的十八大提出加快政府职能转变、"大部门制"改革、政府管理创新等内容；党的十八届三中全会进一步提出省直接管理县（市）体制改革。据统计，截至2014年1月，国务院取消和下放的行政审批项目共计2820个，其中下放管理层级的行政审批项目468个，国家发展改革委也下放大量建设项目，实现由"部门行政"向"公共行政"过渡。湖南省行政体制改革也取得重大进展。2009年，全省共下放审批权限74项，取消年检年审项目26个，清理规范性文件7.7万件，废止1.1万件，宣布失效2.5万件。2009年湖南省颁布的

《湖南省长株潭城市群区域规划条例（修订草案）》对省、市政府和部门之间的权责进行划分，在制度上保障了区域管理有效性（见表6-1）。

　　但是，顶层设计的基本思想需要进一步深化落实。在长株潭城市群区域管理过程中，中央政府可将更多的地方自主发展权让渡给省政府及地方政府，包括大量建设项目的审批权、经济调控权、行政处罚权等。这一方面有助于中央政府将更多精力集中于宏观调控，包括制定产业发展战略、产业管理及指标管理等[①]；另一方面有助于提高地方政府的决策自主性，包括土地审批、建设项目审批、环境保护、基本农田保护等多方面，使区域管理政策与地方发展实情更加贴合（赵学彬，2010）。不仅如此，还应实现省政府向市政府、市政府向区县级政府的权力下放，包括城市的维护管理权、建设项目行政审批权、经济社会管理权等，为地方发展提供更多良好的自主发展空间。特别是"两型"建设示范区应被赋予更多的行政权力，提高地区发展的自主权，这样才能盘活行政管理体制，推陈出新地为"两型"发展建设起到示范带头作用，最终形成权力相互协调的区域治理网络体系。

表6-1　《湖南省长株潭城市群区域规划条例（修订草案）》中各治理主体分工

治理主体	治理权限	具体治理职责
湖南省人民政府	组织长株潭城市群区域规划的编制、调整和实施	(1)拟订长株潭城市群区域规划草案和长株潭城市群区域规划局部调整草案； (2)对长株潭城市群区域内相关专项规划草案提出论证和审查意见； (3)对具有区域性影响的建设项目的确定和规划选址进行协调并提出意见； (4)对各类空间管治区域的划定进行指导、协调； (5)与长株潭城市群区域规划相关的其他事项

---

① 羊城晚报.权力下放还应再大一些[EB/OL].(2008-03-13).http://news.sohu.com/20080313/n255695479.shtml.

续表

治理主体	治理权限	具体治理职责
	监督长沙市、株洲市、湘潭市人民政府实施长株潭城市群区域规划	(1)因国家重大项目建设等情形导致长株潭城市群总体空间结构和重要设施布局发生重大变更需要局部调整的，或者长沙市、株洲市、湘潭市人民政府、省人民政府有关部门认为需要对长株潭城市群区域规划中不涉及禁止开发区域的事项进行局部调整的，由省人民政府发展和改革部门召开专题会议进行审查，做出局部调整，报省人民政府批准，并报省人民代表大会常务委员会备案； (2)长株潭城市群禁止开发区域、限制开发区域等空间管治区域的具体范围的划定方案，由省人民政府发展和改革部门会同长沙市、株洲市、湘潭市人民政府依据长株潭城市群区域规划确定的原则和范围提出，经专题会议协调后报省人民政府批准并公布； (3)省人民政府应当建立长株潭城市群区域规划实施督察制度，监督长株潭城市群区域规划的实施。省人民政府应当建立长株潭城市群区域规划动态监控信息系统，对空间管治区域进行监测； (4)省人民政府应当定期向省人民代表大会常务委员会报告长株潭城市群区域规划的实施情况。省人民政府以及长沙市、株洲市、湘潭市人民代表大会及其常务委员会通过的涉及长株潭城市群区域规划实施的规范性文件，应当报省人民代表大会常务委员会备案
	协调和决定长株潭城市群区域规划实施中的重大事项	省人民政府应当建立长株潭城市群区域规划编制、调整和实施协调会议制度，协调会议包括联席会议和专题会议
省直部门	制定专项规划，实施监督与管理	省人民政府国土资源、建设、经济、交通、环境保护、水利、林业等部门应当按照职责分工，根据长株潭城市群区域规划编制长株潭城市群区域各类专项规划，并做好实施和监督管理的有关工作
长株潭三市政府	—	(1)定期向省人民政府报告长株潭城市群区域规划实施情况； (2)根据区域空间管治要求制定空间管治区域管理规定，明确管理主体的责任、保护范围的控制要求和具体管理措施，并予以公布； (3)对区域空间布局以及对生态环境、人文环境产生跨市域重大影响的建设项目，长沙市、株洲市、湘潭市人民政府和省人民政府有关部门应当向省人民政府发展和改革部门提出，协调确定后予以公布

资料来源：根据《湖南省长株潭城市群区域规划条例（修订草案）》分析整理而得。

与此同时，在实现中央与地方政府管理分工明确化的基础上，进一步强化中央与地方的合作管理，这也是区域协同发展的重要组成部分，大力推动省部共建机制。截至2010年10月，长株潭城市群已与34个国家部委和71家央企、金融机构签订合作共建协议，并建设有50多项规划环评、排污权交易、节水型城市等改革试验。在此基础上，长株潭城市群深化省部共建机制，对于地方来说，可以将区域管理的重大问题上升至国家层面，在省部级达成共识的基础上，将重大区域项目安排到城市群区域，提升区域重大问题研究能力，为地方政府提供决策参考，如湘江流域综合治理[①]、株洲34.4平方公里污染土地变性、梅溪湖创新科技园建设等。对中央政府而言，通过积极推行在地方的政策试点和区域治理问题的研究，有助于形成区域事务的宝贵管理经验，可以为全国类似地区的区域管理提供实操范本和制度建议。

　　针对当前国家宏观政策在区域层面过于概括化、实际指导能力不足的问题，笔者认为，针对重大区域发展问题，中央政府需要进一步细化政策，提供可供地方操作的实施章程与技术规范。例如绿心保护问题，需要在国家层面由发展改革委等职能部门联合相关专家等进行实地调研，制定保护框架，甚至可以制定相关产业引导策略、项目准入门槛等。而在示范区的建设中，国家政策的模糊性体现在对于"两型"发展的认识上。对于何为"两型"、哪些产业门类是"两型产业"等问题中央政府需要细化宏观政策，为地方提供可供实施的指导策略。在长株潭区域一体化过程中，示范区建设虽然是城市群地方的创新发展举措，但是，依然可以通过部省合作的方式将议题上升到国家层面，利用更好的资源以创新解决跨区域建设示范区难以管理的地方发展难题。

---

① 湘江流域治理是国家部委重视长株潭城市群"两型建设"的典型事例，湘江是湖南的母亲河，但也是全省乃至全国污染最为严重的河流之一，湘江流域沿岸聚集株洲清水塘、娄底锡矿山、衡阳水口山、湘潭竹埠港等几个工业重污染区。为借助长株潭城市群"两型社会"试验区平台，推动湘江流域重金属污染治理工作，湖南多次向国家部委汇报情况。2010年1月25日至2月9日，国家发展改革委同环境保护部、工业和信息化部、国土资源部、住房和城乡建设部、水利部和农业部等多部门及专家赴湖南湘江流域考察调研，经过充分的调查论证，借助"两型社会"试验区这个平台，国家首次将湘江流域综合治理纳入国家大江大河整治规划，投入140多亿元用于湘江重金属污染的治理。

（二）加强区域组织机构主体地位，赋予更多权力，实现区域协调、指导与管理职能

在长株潭城市群的多部门联合管理中，区域性组织机构力量薄弱。作为推进长株潭城市群"两型"发展重要主体的"两型办"，在发挥区域治理职能的过程中，由于缺乏独立财权以及行政职能缺失，仅仅成为具有区域协调功能的湖南省发展改革委下属部门，与三市并未形成实际意义上的上下级关系。并且"两型办"的区域协调范围仅限于五个示范区内，发挥的作用相当有限。

本书认为，"两型办"在区域管理中应该起到引导区域"两型"发展、提供政策咨询与指导、制定区域发展的各项规划、监督管理区域发展绩效的作用。根据国家发展经验，研究认为"两型办"应着力发展成为类似于"区域联合董事会"的区域管理机构，并在机构组成、组织结构、管理职能及管理模式上具有自身特点。在机构组成上，人员安排不再由上级政府制定，而是按照一定比例吸纳各市市长、第三方社会组织、公众代表及相关企业代表参与。同时，按照选举制度推选区域组织的负责人。在组织结构上，应该定位为各市政府的上级机构，不再归属于省发展改革委管理，而是直接对省政府负责，接受省政府监督。其中，应在原有的综合处、改革处、发展处及规划局的基础上，设立监察处，用来对五个示范区的"两型"建设进行监督检查，实施奖惩。同时，拥有区域管理中关于"两型"建设问题的最高权威，提高区域管理基本效力。

在各示范区建立示范区管委会，管委会成员由下属片区选举产生，示范区管委会负责管理各片区，提供政策支持，实施监督管理。同时，示范区及其下属片区除了社会事务等，在产业发展与"两型"建设的相关问题上直接由示范区管委会管理，赋予示范区行政代码，示范区管委会直接对"两型办"负责，由省政府进行统一管理。示范区管委会充分发挥示范区的跨区域协调管理职能，包括基础设施跨区域建设、重大能源开发、跨区域环境保护等。

在绿心保护问题上，管理机制要突破"两型办"的协调职能。"两

型"发展在区域中不仅是协调问题，还需要在此基础上对生态环境实施强有力的监管。目前来看，在绿心生态空间保护中，重点需要建立"两型办"与三市政府间的职权关系，应该严格按照《绿心条例》规定，所有重大建设项目在城乡规划法规定的"一书两证"基础上增设"绿心地区立项申请"，重大建设项目立项与否以及建设的具体范围，应由省"两型社会"建设试验区领导协调工作机构组织协调省人民政府有关部门和长沙市、株洲市、湘潭市人民政府确定，并报省人民政府批准。对于已经开始建设的项目，应由"两型办"牵头，会同省直相关部门进行项目梳理，对于不合理的项目提出"督查整改"意见，真正使得"两型办"协调机构的职能由目前注重"统筹协调"向"督查管理"转变，改变传统的各市分头立项建设的局面。

（三）大力支持非正式的社会组织，提供资金扶持，引导非正式组织发挥区域管理职责

长株潭城市群当前第三方非正式社会组织发展较快，但是在区域管理制度的构建上创新不足。区域网络治理体系中，第三方非正式组织一方面承担实施性区域治理职责，成为地方政府的有力工具；另一方面具有组织公众参与区域治理、实现公共参与的功能。

针对长株潭城市群区域非正式社会组织，首先需要为非政府组织建立完善的法律法规，并构建良好的管理制度。中国目前涉及非正式组织的管理法规只有《基金会管理条例》《民办非企业单位登记管理暂行条例》《取缔非法民间组织暂行办法》等。首先，长株潭城市群作为国家级示范区，应利用行政特权在区域范围内，以非营利性、公益性为核心，在登记注册、监督管理、行政处罚、税制优惠等方面建立健全非政府组织管理法律法规。其次，以"两型"建设为重点，重点扶植培育环保型非正式社会组织。一方面，通过建立相关的专项基金为非正式组织提供管理经费，例如非政府组织应急管理基金、组织启动的专项基金等。另一方面，各市环保部门可以建立小额资金支持，为环保的非政府组织提

供资金资助（李立坚，谢爱莲，2012）。再次，根据网络化治理体系的目标要求，重点需要加强各级政府部门与非正式组织之间的联系。打破传统的政府部门与非政府组织间的隶属关系，在一定程度上建立起平等合作关系，通过建立合作协议，达成关于区域管理的专门议题的合作框架与治理分工，形成非政府组织履行管理职责，地方政府提供指导与技术辅助的运行机制。最后，需要着力培养跨区域的非正式社会组织，特别是跨越长株潭三市的非正式组织，由三市政府联合管理与监督，涉及跨区域管理工作部分可由该类组织承担完成，政府提供资金帮助、技术指导，并且努力构建跨区域共享的信息交流平台（赵珊，2009）。

（四）鼓励公众参与区域管理，健全体制改革，完善公共参与机制

公众一方面可以通过成为非政府组织的要素，实现区域治理与治理监督，或是通过群众监督、提供政策建议与实施反馈，帮助地方政府改善区域治理方法与效果；另一方面，公众可以参与部分区域管理活动，提供管理监督。

总体而言，一方面，需要建立并完善公共参与机制，包括关注重大区域项目的咨询、听证、会审制度，提供制度安排，通过建立行业法规与程序法规等，保障公众参与区域管理的合法性与程序合法性。另一方面，推动区域管理信息公开化，依托政府及非政府组织建立多项信息公开平台，使得各城镇居民均有机会获得区域管理的最新消息与数据。

二、构建区域风险共担机制，保障跨区域协同发展的制度稳定性

由于多中心网络化治理模式的复杂外部环境及内部系统条件，以往的自愿合作及协议制度仅仅建立在不完全合同制基础上。在责权不分的前提下，政府失信时有发生。基于此，戈德史密斯和艾格斯提出了风险分担的五个原则：①减少公共部门对程序的控制，以降低风险。②创新主角承担风险。③由最了解风险且最具有控制风险能力的机构承担风险可获得最大公共利益。④评估风险本质上是否可以调整。⑤风险转移的

合同成本要物有所值（戈德史密斯，艾格斯，2008）。

　　长株潭城市群的风险共担机制就是要在八市之间建立利益共担机制。具体需要做到在目前的城市协议的基础上建立争端处理机制，在政府间建立处罚办法及"避免诈骗"的合同条款。同时，需考虑在一方运转不灵时，也有可供实施的替代方案保证正常区域管理实现。将责任细分，按一定比例分摊给网络管理系统的不同主体。在政府间建立顾问系统，为政府的决策提供技术及政策咨询。

　　在构建风险共担机制中，需改革传统的政绩考核体系和干部考核制度。在考核体系中，对区域重大管理问题可以建立具有长株潭特色的考核指标，形成"两型建设"干部考核指标。如绿心生态空间保有率、湘江治污专项资金及财政拨款数、引入"两型"企业数量等。同时，建立以社会公众为主体、自下而上的考核体系。在区域管理问题上，每年针对重大区域管理问题尤其是区域联合管理问题，建立政府评价制度，使其常规化、规范化，并且纳入干部政绩考核，打破传统由主管部门单方面考核政绩的成规旧路。

三、构建制度性的跨城市协调会议制度，保障跨市区域协同发展的顶层沟通

　　针对当前高层联席会议制度的不稳定性，建议制定区域性法律法规，保障政府间的高层联席会议可以定期举行。就涉及核心利益的问题，在制度性保障的基础上，通过自愿谈判、合作入股的方式，解决地方利益分歧。

　　同时，高层联席会议制度应有所拓展，联席会议应与专题会议相结合。联席会议由地方政府合作召开，重点讨论跨区域发展的重大综合区域联合问题。下属的省直部门、市直部门的横向与纵向则可以通过专题会议讨论实现专项问题的区域发展协议，专题会议的内容应该包括设计基础设施建设管理、资源利用与生态补偿、产业合作发展等领域。特别是在重大项目管理上，对于同一重大项目库的确立、项目选址协调及核

发项目选址意见书等问题也需要在专题会议上予以确立。同时，专项会议所达成的区域发展协议应该在跨政府间的联席会议得出的协议的指导下制定，使得不同层面的协议内容相互统一、相互补充（见图6-3）。

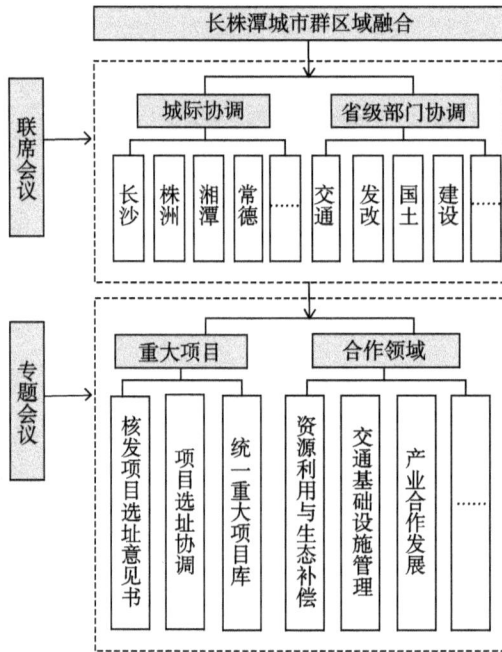

图6-3　长株潭城市群区域联席会议制度构建体系

四、发挥区域规划的引领作用，实现区域管理目标及范式转变

区域规划作为区域治理的蓝图性文本及指导性文件，应充分发挥其在区域治理职责、治理模式、治理研究及治理策略方面的指导作用。首先，应充分明确区域规划的编制实施主体。长株潭城市群区域规划的实施主体应该是区域规划的编制部门，即湖南省"两型办"，但是由于"两型办"的特殊情况，应考虑在强化"两型办"行政地位的基础上分级逐步建立区域规划的管理与实施机构。此外，现阶段，长株潭城市群区域规划及其各专项规划存在对区域管理模式忽略、对地方区域发展实情缺乏正确认识的问题，特别是"两型"发展，存在"一刀切"的指标要求，

没有针对地方实情提供差异化的可供操作的"两型"建设指标。

　　由此，笔者认为，首先，需要通过区域规划转变区域管理目标，从开始追求地方利益最大化及空间上的长株潭城市群一体化，转变为跨区域合作治理及区域协同发展。通过区域规划，在区域的治理方式上引导网络化的区域治理主体的形成，对于区域规划研究范畴内的城市群空间布局及产业功能布局践行多主体共同管理原则。在涉及区域治理的重大议题上，要本着基于实际调研、真实反映地方发展的基本精神为区域管理提供理论指导。对于长株潭城市群区域一体化进程、湘江治理、绿心保护及"两型社会"建设四项重大议题，区域规划需要以实际调研为基础，确立切实可行的规划策略。其次，通过区域规划逐步引导区域管理范式的转变，由传统的单边政府管理模式向多中心网络化治理模式转变。打破政府对多项区域管理活动的责权垄断，在区域规划中鼓励地方培育非政府组织参与重大区域发展项目的联合管理。坚持公众参与，包括区域规划自身的编制过程，为公共参与提供制度渠道与框架。特别是在涉及跨区域协同发展的问题上，建议在联席会议制度及专题会议制度中引入公共参与，将公共参与纳入机制来考虑。最后，区域规划在规划思想上要打破传统的紧凑城市发展模式，应该基于多中心城市群特征，形成网络城市发展模式，这对区域发展具有非常重要的指导作用，特别是跨区域联合管理。

第七章 结论与展望

第一节 研究结论

一、多中心城市群与多中心网络治理相关性

本书主要探讨在多中心城市群中如何建立合理的多中心网络治理模式。因此，厘清多中心城市群与多中心网络治理之间的相关性是本书重要的理论立足点。通过研究，笔者发现，多中心城市群内部有效区域治理模式的形成主要基于四个方面的要素：多中心城市群的地理特征、经济全球化导致区域产业合作与竞争加剧、地方行政传统阻碍城市群的发展，以及城市发展的议题逐渐呈现跨区域化。

在此基础上，通过文献解析笔者发现，多中心性体现为各中心城市具备一定的发展自由度，在区域层面不会过多受到区域增长极的虹吸效应的影响，在产业发展上可以进行自由联合与重构。在规模上，因其规模均衡，各区域基础设施相对发达但区域连通性不足，产业门类各有特色但互补性较差，故而有强烈的区域协同治理需求。在投资上，缺乏单一的投资中心导致投资分散，区域逐底竞争突出（张衔春等，2020），亟待实现多中心网络化治理。

地方"行政区经济"与经济全球化发展趋势从历史与未来两个角度构建了多中心城市群的发展诉求与现实制约。一方面，传统行政区划导致跨区域治理成为制度空白，建设项目难以落地。传统的地方行政绩效考核侧重官员升迁体制，长期忽视区域合作，各区域间以竞争代替合作，甚至产生恶性竞争。另一方面，经济全球化引发区域内的产业分工加剧。

受金融危机影响，依赖出口的经济增长模式难以为继，因而，需以城市群为基本单位，建立文化区、经济区、行政区多位一体的区域单元，提升城市群内部消费水平，通过建立跨市合作，实现产业互补，提升城市群产业竞争力。这些都是在多中心城市群中实现网络化治理必须解决的外界挑战与体制难题。

随着人类认识世界、改造世界能力的提升，人们对区域治理问题的认识也更加深入。由于资本流、人流、信息流的跨界流动与当前"松脚型"的产业发展特征，跨区域的协同治理问题成为城市群发展的核心议题之一。本书的研究重点也是区域的重大治理问题，包括长株潭城市群的绿心保护问题、城市群"两型"产业发展问题、湘江治理问题等。只有在良好的区域治理架构之下，才能促进协同发展与城市群竞争力提升。

二、国外多中心网络治理的实施经验

本书在对长株潭城市群进行实证分析之前，首先对国外典型大都市区或城市群的治理模式进行深入探析，包括与长株潭城市群相似的荷兰兰斯塔德地区，总结出相关区域协同治理的发展经验与实践模式。但是研究中考虑到中国与西方国家在政治制度、社会制度及传统的思想观念方面的差异，本书有选择地借鉴治理经验，为长株潭城市群多中心治理提供参考，并得出七点治理经验：

第一，在区域治理过程中，不论是强调要建立集权化的"大都市区政府"，还是强调多中心的分散治理，都需要建立一种政府、私营机构、公众、非正式组织共同治理的社会协同网络关系。

第二，充分发挥市场主体在区域治理中的作用，建立起政府与私营机构、市场组织、地方企业之间的组织联系与合作模式，利用市场力量实现资源优化配置并履行区域治理的部分职能。

第三，责任与权力需下放。地方的问题应该由地方自己解决。事权下放有助于发挥地方的自主性，也有助于实施贴近地方实际情况的城市与区域政策。

第四，建立区域合作的基本法律框架。通过法律法规一方面可以确保与规范地方政府的权力与义务，另一方面有助于将非政府组织及市场主体充分纳入区域治理的决策过程。

第五，在某些情况下可以考虑城市重组。城市重组有助于建立统一的行政单元，更高效地实施区域治理。同时，优化资源配置，解决区域治理中的跨界权利划分问题。

第六，建立区域合作基金。中央资金支援，通过建立专项资金有助于推动区域利益共享，落实区域的相关补偿机制。同时，通过专项资金的地域倾斜，推动区域的产业升级、劳动力优化与城市间协同发展。

第七，大力培育区域合作与协调性组织。依据区域治理的不同地理层次建立不同级别和有专门任务分工的区域协调组织。同时，中央政府和地方政府可以为区域组织提供资金支援和政策帮扶，实现跨区域的有效治理。

三、长株潭城市群传统管理机制的主要问题

本书通过政策文本分析与调研访谈等，系统总结出长株潭城市群传统管理机制中存在的主要问题。

第一，区域管理主体权限不对等，部分区域管理主体权力缺失。长株潭城市群在设立之初就被中央政府赋予以"两型发展"为目标的宏观发展战略，而实际上，"两型"发展的具体路线与实现机制地方尤其是区域管理的纲领性作用并不明确。虽然在区域层面设置了"长株潭两型社会建设改革试验区领导协调委员会办公室"，下属八市分别设置了各自的"两型办"，但是"两型办"及其分支机构只作为协调性机构挂靠在省发展改革委员会之下，享有的行政权力严重不足致使其在实际的跨区域项目合作中并未起到足够的实施、监督与指导的作用。此外，由于地方层面形成了以行政区为利益范围、城市政府为主体的"权力单元"，作为区域管理重要一环的市场主体、非正式组织及普通群众参与度严重不足，且地方政府尚无意识推进市场与社会的广泛参与，使得多中心区域治理

难以实现。

第二，缺乏区域协同性的制度建设，导致协同机制发展不健全，区域合作的操作性不强。长株潭城市群各地方性管理机构虽然具有日常事务的决定权与行政权，但是受到传统政绩观念影响，呈现出"两重系统、分头管理、示范区虚化"的传统管理特征。地方管理机构各自为政，在管理职权方面有着明显的界限分割。而涉及跨区域合作项目方面，地方政府往往为了避免相关责任，各自推诿，导致项目中断，同级部门之间各自独立的意识也导致跨行政区协调的作用难以发挥。

第三，监督机制不健全，共性约束不足。对于政府绩效和官员晋升考核，在长株潭城市群的区域管理方面缺乏有力的评价考核机制。同时，跨区域的合作协议也不具备法律约束效力，无法通过法律、法规等对跨区域管理起到监督作用。而区域监督机构在实际的管理操作中并未获得应有的行政权。其中典型的例子是长株潭城市群在绿心保护管理机制方面采用"政府单边管理"模式，"两型办"作为协调兼任监督机构周旋在省政府与地方政府中间，缺乏独立的财权与行政权力，导致在府际层面上下级监督机制明显，中间的协调机构严重弱化，形成"两头大，中间小"的管理特征。此外，在监督主体上缺乏公众参与，虽然尚有部分民间机构组织的参与，但由于消息不畅、没有明确分配职权，多主体共同参与的监督"治理"模式并未形成。

第四，跨区域协同发展的意识淡薄，在分头管理模式下区域性建设项目效率低下。长株潭城市群区域管理呈现出"强中央"的特点，国务院拥有宏观决策职能，对长株潭城市区域规划具有审批权，同时国务院下属各部委对其也具有较高的决策权与分配权。与之相对的是地方政府与区域政府的自主管理权限受到了极大的约束甚至削弱，"两型办"缺乏项目审批、财政、土地管理等的行政权力，呈现出"弱区域"的管理特征，最终导致"两型办"在区域管理过程中缺乏足够的直接领导能力，仍停留在发挥有限的协调引导职能上，使得区域性政策的执行效果严重减弱。

第五，在技术上存在区域规划内容空泛、对区域协同发展指导性不足的重大缺陷。首先从法律层面来说，目前上位法律缺乏对长株潭城市群区域治理的主体规定，也未明确实施保障手段。现状的长株潭城市群区域规划并未提出足够创新与问题导向型的治理策略，对地方层面的区域管理建设指导不足，仍然停留在省政府主导、地方积极配合建设的阶段。此外，由于不同管理部门（如发改、土地与交通等）的利益分化，加之各市发展冲突与矛盾明显，现实中跨区域合作项目难以有效推进。

四、长株潭城市群实现多中心网络治理的改进策略

本研究在区域治理理论、国外都市区与城市群区域治理实践及长株潭城市群区域治理现状问题的基础上，构建长株潭城市群多中心网络化的区域治理模式，具体包括四点。

（一）强化并充分发挥非正式区域协调机制的灵活性与高效性

非正式协作往往是增进府际合作中不同主体信任度的最直接方式，其不受具有约束力和权威性的官方政策制约，由地方政府自发性地通过类似"对话"的方式建立起沟通的联系纽带。在合作过程中，各主体在意向达成、决策制定及政策实施等方面也拥有更高的自由度，可以最大限度地交流与了解各方主体的现实需求，并以此作为基础推动后续的合作与项目。同时非正式协作的对话进展到一定地步时，自然会通过法定协议的方式制定一套具有法定效力的长效合作协议和长效机制（锁利铭，2018）。

（二）行政区划调整［撤县设区（市）］及建立跨市协调会议制度

撤县设区（市）后，原本县一级的高度自治权，如财税权、项目审批权、公务人员的人事任免权等被地方政府进一步收回，有利于促进城乡一体化发展和统一管理，从此市级原本优良的公共资源和财政支配可以更加直接地倾向新区，起到区域带动发展的示范作用。例如2018年株洲县撤县设区，被划入株洲市变身为渌口区，对于株洲市来说市区空间

得到了进一步的扩展，"一核一圈一廊"的城镇空间布局得到优化，增强了核心区的辐射带动作用，提升了城市综合竞争力。株洲县撤县设区前常年作为株洲市区产业转移的承接地和辐射带，提升为渌口区后更加贴合株洲市的产业空间延展布局发展需求。调整后的市区行政区划，也更加适应株洲市新型工业化、城镇化发展进程相协调的行政区划格局，有利于加快建设"两型"示范区。同时，推动以"两型发展议题"为核心的跨市协调会议制度，该项会议制度是以自愿合作为基础的城市间联盟，通过设定具体会议议程、协调方式等，为多方利益主体搭建高效的交流平台。

（三）多途径、多方式实现区域管理主体的多元化与协调化

在长株潭城市群区域规划过程中，中央政府应当适度放权、让权，将更多自主发展权让渡给地方政府，以提高地方政府在区域协作中的积极性，并在一定程度上保证地方政府拥有更加高效的政策执行力。而针对上升到国家级的区域管理重大问题或者项目建设，中央政府则需要进一步细化，为地方区域管理提供可实施的章程以及可实施的指导策略。在区域级的规划管理方面，地方政府应积极响应上位政府的政策动员以开展合作，就核心利益问题采用联席会议和专项会议等方式进行跨市对话。同时，为了克服当前联席会议制度普遍存在的不稳定性，应当适时推动制定相关区域性法律法规，以保障区域协作成果有效落地。

（四）构建区域风险共担机制，发挥区域规划的引领作用

长株潭城市群八市之间建立的利益相关机制存在较大缺陷，区域合作人多以自愿合作的方式进行，为非正式协作并建立在不完全的合同制的基础上，存在责权划分不清等情况。健全的风险共担机制要求从传统的政绩考核体系和干部考核体系入手，将区域风险（区域合作项目中可能存在的风险）量化为激励与制约地方政府官员的考核指标，分类有效实施。特别是在区域重大管理问题方面针对长株潭建立特色的"两型建设"考核指标。同时，引入公众考核体系，建立政府评价信息库，自下

而上地进行全面评价，打破传统政府主管部门单一考核政绩的现状。此外，区域规划的编制具有综合性与框架性，通过非正式的磋商与讨论，以区域规划为重要实施渠道，不仅可以有效指导区域发展，而且可以制度化现有的合作意向与合作成果。

第二节　研究不足

一、对国内区域管理的案例研究不足

由于调研条件与研究经费限制，本书难以系统分析研究国内其他城市群区域管理（治理）的做法与实践经验。考虑到中国其他城市群的区域管理模式与长株潭城市群的区域管理模式在政策背景、制度建设、经济发展现状、城镇化水平及思想观念等层面可能具有的相似性，本研究归纳总结的长株潭现状管理模式可能能够代表相当一部分国内城市群的管理模式和发展路径，尤其是中西部正处于快速工业化进程中的城市群。因此，在今后阶段我们有必要进行分析与总结，归纳国内不同城市群的区域管理案例，通过多案例对比，找出符合中国国情的管理手段、创新做法与制度工具。

二、结合长株潭城市群区域发展重大问题的研究有限

本书立论之初，笔者试图结合长株潭绿心空间维护来谈城市群的区域管理机制问题。但是由于基础资料有限，实际调研困难重重，因此不得不放弃该设想，进而转向区域管理中的"顶层设计"问题。"顶层设计"问题与区域协同发展重大问题的结合成为本书的薄弱环节，囿于时间与资料的有限性，本书不做详细论述，但是并不意味着这个环节不重要，在今后的研究中要针对具体的区域协同发展问题结合现有的制度架构，提出更接地气的改进策略与治理模式。

三、理论建构与分析尚待健全

本书力图将区域协同理论与区域治理理论有机结合起来，建立一个综合性的区域协同发展的理论框架。但是由于区域协同理论目前并没有一个完整的可供实践的理论框架，而当前区域治理发展趋势也体现区域协同治理的基本倾向，所以本书将区域协同的基本目标融入其中，构建的长株潭城市群区域治理的理论框架未免与现实发展存在一定差距。此外，对主体决策、行动网络、治理模式等方面的理论分析有待进一步加强。

第三节　研究展望

针对本书的研究结论，在未来的研究中，需要在以下几个方面展开更加深入的探索。

结合国内区域管理案例分析。将区域管理按照跨省的省际协同管理与跨市的市际协同管理进行细分，对不同尺度的区域管理选取不同的案例进行分析研究，特别是针对不同城市群或者都市区等的社会背景、政治制度、经济体制等问题进行共性和差异性的分析比较，得出可供参考的实施方案。

加强基础数据收集。应在"顶层设计"的基础上着力加强对重大区域发展问题的分析，当然研究依旧需要坚持从制度建设的角度去分析目前长株潭区域管理的主要问题。但是，通过详细的案例分析与结合基础设施项目等问题的分析有助于加深对长株潭城市群发展现状的认识。

进一步加强理论研究。对区域协同理论与区域治理理论进行深入研究，找出基于协同目标、协同范式、协同主体等多方面的理论结合点。尝试性地构建全面而可检验的区域协同治理理论体系。本书在此只做到了基本的区域协同目标与区域协同主体的构建，并且研究深度尚浅，这是下一步工作需要关注的重点所在。

参考文献

布劳，梅耶，2001. 现代社会中的科层制 [M]. 马戎，时宪明，邱泽奇，译. 北
　　京：学林出版社.

蔡之兵，张可云，2014. 区域的概念、区域经济学研究范式与学科体系 [J]. 区
　　域经济评论 (6):5-12.

陈琳，2019. 大都市群跨域合作的实践形态与治理逻辑——以长三角为例 [J].
　　中共四川省委党校学报 (4):78-85.

陈瑞莲，2003. 论区域公共管理研究的缘起与发展 [J]. 政治学研究 (4):75-84.

陈瑞莲，2004. 珠江三角洲公共管理模式研究 [M]. 北京：中国社会科学出版社.

陈瑞莲，2005. 论区域公共管理的制度创新 [J]. 中山大学学报 (社会科学版)
　　(5):61-67,126.

陈瑞莲，2006. 区域公共管理导论 [M]. 北京：中国社会科学出版社.

陈瑞莲，蔡立辉，等，2004. 珠江三角洲公共管理模式研究 [M]. 北京：中国社
　　会科学出版社.

陈瑞莲，胡熠，2005. 我国流域区际生态补偿：依据、模式与机制 [J]. 学术研
　　究 (9):71-74.

陈瑞莲，刘亚平，2013. 区域治理研究：国际比较的视角 [M]. 北京：中国编译
　　出版社.

陈瑞莲，杨爱平，2012. 从区域公共管理到区域治理研究：历史的转型 [J]. 南
　　开学报 (哲学社会科学版)(2):48-57.

陈瑞莲，张紧跟，2002. 试论我国区域行政研究 [J]. 广州大学学报 (社会科学
　　版)(4):1-11.

陈湘满，2002. 论流域开发管理中的区域利益协调 [J]. 经济地理 (5):525-529.

陈雅薇, 维格曼斯, 2011. 荷兰城市开发过程管理及其对中国的启示 [J]. 贺璟寰, 译. 国际城市规划 (3):1-8.

陈征卫, 2010. 广佛同城化区域协调现状、困境及对策研究 [J]. 中国城市经济 (11):252.

程炯, 王继增, 刘平, 等, 2006. 珠江三角洲地区水环境问题及其对策 [J]. 水土保持通报 (2):91-93.

楚天骄, 2010. 经济全球化背景下区域产业分工与合作的动力机制 [J]. 中州学刊 (2):72-75.

崔功豪, 2006. 区域分析与区域规划 [M]. 北京: 高等教育出版社.

戴靓, 曹湛, 朱青, 等, 2021. 中国城市群知识多中心发展评价 [J]. 资源科学 (5):886-897.

戴颂华, 2000. 试论我国市场经济体制下的区域协调发展 [J]. 规划师 (1):110-112.

单卓然, 2014. 1990 年以来发达国家大城市都市区空间发展特征、趋势与对策研究 [D]. 武汉: 华中科技大学.

丁煌, 上官莉娜, 2010. 法国市镇联合体发展的历史、特点及动因分析 [J]. 法国研究 (1):76-82.

冯萱, 2012. 1999 年 ~ 2000 年法国城市规划改革及其启示 [J]. 规划师 (5):110-113.

戈德史密斯, 艾格斯, 2008. 网络化治理: 公共部门的新形态 [M] 孙迎春, 译. 北京: 北京大学出版社.

谷海洪, 2006. 基于网络状主体的城市群区域规划政策研究 [D]. 上海: 同济大学.

顾朝林, 1922. 中国城镇体系——历史、现状、展望 [M]. 北京: 商务印书馆.

顾朝林, 沈建法, 姚鑫, 等, 2003. 城市管治: 概念·理论·方法·实证 [M]. 南京: 东南大学出版社.

顾朝林, 张敏, 2001. 长江三角洲都市连绵区性状特征与形成机制研究 [J]. 地球科学进展 (3): 332-338.

郭向宇, 2011. 长株潭城市群区域冲突的形成机理及调控模式研究 [D]. 长沙:

湖南师范大学.

国家发改委国地所课题组, 2009. 我国城市群的发展阶段与十大城市群的功能定位 [J]. 改革 (9):5–23.

何明俊, 2013. 城市规划协同机制中的公共协商 [J]. 规划师 (12):17–21.

洪世键, 张京祥, 2009. 新区域主义视野下的大都市区管治 [J]. 城市问题 (9):73–77.

胡序威, 2005. 区域城镇体系的协调发展问题 [J]. 城市规划 (12):12–17.

湖南省长株潭"两型社会"建设改革试验区领导协调委员会办公室, 2012. 长株潭城市群生态绿心地区总体规划 [R].

黄春萍, 2009. 基于管治理念的滇中城市群区域协调发展机制探究 [J]. 云南地理环境研究 (2):47–52.

姬兆亮, 2012. 区域政府协同治理研究 [D]. 上海：上海交通大学.

江可馨, 2011. 城市群发展进程中的生态环境问题及对策——以长株潭城市群为例 [J]. 科技传播 (16):11–12.

金太军, 2011. 区域治理中的行政协调研究 [M]. 广州：广东人民出版社.

景跃军, 2007. 欧盟区域政策的作用及对中国东北老工业基地振兴的启示 [J]. 人口学刊 (5):50–54.

科勒－科赫, 康策尔曼, 克诺特, 等, 2004. 欧洲一体化与欧盟治理 [M]. 顾俊礼, 译. 北京：中国社会科学出版社.

科勒－科赫, 利特伯格, 吴志成, 等, 2007. 欧盟研究中的"治理转向" [J]. 马克思主义与现实 (4):88–94.

李国平, 2012. 兰斯塔德地区：网络型城市的典型代表 [N]. 中国社会科学报, 2012-04-09(A6).

李建桦, 施益军, 张洽予, 2013. 长株潭城市群景观生态环境优化研究——基于长株潭城市群区域规划角度的思考 [J]. 城市建筑 (20):32–33.

李立坚, 谢爱莲, 2012. 长株潭地区环保非政府组织的调查与发展障碍分析 [J]. 湖南省社会主义学院学报 (3):83–86.

李烨, 余猛, 2020. 国外流域地区开发与治理经验借鉴 [J]. 中国土地 (4):50–52.

李宜强, 2011. 法国复合治理研究与启示 [J]. 中国流通经济 (9):61–66.

李宜强, 2012. 城市合同 : 法国区域治理的经验与启示 [J]. 城市问题 (7):84–87.

林家彬, 2012. 我国 "城市病" 的体制性成因与对策研究 [J]. 城市规划学刊 (3):16–22.

林尚立, 1998. 国内政府间关系 [M]. 杭州 : 浙江人民出版社 .

刘丽, 张彬, 2013. 法国政府间事权、税权的划分及法律平衡机制 [J]. 湘潭大学学报 (哲学社会科学版)(6):65–69.

卢帅兵, 2009. 长株潭城市群政府跨域合作治理研究 [D]. 长沙 : 湖南大学 .

罗震东, 2006. 中国转型期的都市区治理结构与空间发展 [A]. 中国城市规划学会 . 规划 50 年——2006 中国城市规划年会论文集（上册）[C]. 中国城市规划学会 : 中国城市规划学会 :7.

罗震东, 2007. 中国都市区发展 [M]. 北京 : 中国建筑工业出版社 .

吕斌, 陈睿, 2006. 我国城市群空间规划方法的转变与空间管制策略 [J]. 现代城市研究 (8):18–24.

麻战洪, 2013. 长株潭试点国土规划编制 [J]. 国土资源导刊 (2):45–47.

马海龙, 2007. 区域治理 : 内涵及理论基础探析 [J]. 经济论坛 (19):14–17.

马燕坤, 张雪领, 2018. 从国际产业分工到城市群城市功能分工的文献述评 [J]. 区域经济评论 (6):92–98.

马燕坤, 张雪领, 2019. 中国城市群产业分工的影响因素及发展对策 [J]. 区域经济评论 (6):106–116.

毛蒋兴, 何力, 欧阳东, 等, 2009. 基于区域经济协调的城市群行政区划调整研究——以广西北部湾城市群为例 [J]. 商业研究 (4):60–64.

年福华, 姚士谋, 陈振光, 2002. 试论城市群区域内的网络化组织 [J]. 地理科学 (5):568–573.

盘和林, 2017. 京津冀产业协作还需深化区域分工 [N]. 经济日报 , 2017–02–08 (5).

钱振明, 2001. 跨国行政 : 全球化时代行政学研究的新课题 [J]. 中国行政管理 (10):5.

秦继伟, 陈成文, 2013. 从 "行政治理" 到 "社会治理" : 长株潭试验区治理模

式的转型 [J]. 经济地理 (12):73–76.

区域税收政策课题组，1998. 促进区域经济协调发展的税收政策 [J]. 改革 (4):36–48.

萨维，罗震东，周扬，等，2009. 法国区域规划 50 年 [J]. 国际城市规划 (4):3–13.

上官莉娜，李黎，2010. 法国中央与地方的分权模式及其路径依赖 [J]. 法国研究 (4):83–87.

尚天晓，2006. 区域政府间保护性竞争与合作机制研究 [D]. 重庆：重庆大学.

史雅娟，2013. 中原城市群空间格局的多中心网络化研究 [D]. 开封：河南大学.

宋芳，2006. 论长株潭跨域合作治理体系的构建 [D]. 长沙：中南大学.

宋国君，徐莎，李佩洁，2007. 日本对琵琶湖的全面综合保护 [J]. 环境保护 (14):71–73.

宋家泰，1980. 城市—区域与城市区域调查研究——城市发展的区域经济基础调查研究 [J]. 地理学报 (4):277–287.

隋映辉，1990. 协调发展论 [M]. 青岛：青岛海洋大学出版社.

孙海燕，2007. 区域协调发展机制构建 [J]. 经济地理 (3):362–365.

孙赫，2007. 山东半岛城市群区域旅游合作模式研究 [D]. 济南：山东大学.

锁利铭，2018. 地方政府间正式与非正式协作机制的形成与演变 [J]. 地方治理研究 (1):25–39.

谈文翔，2011. 长株潭城市群区域行政协调机制研究 [D]. 长沙：国防科学技术大学.

覃成林，姜文仙，2011. 区域协调发展：内涵、动因与机制体系 [J]. 开发研究 (1):14–18.

唐燕，2009. 德国大都市区结构的特征与发展趋势 [J]. 城市问题 (2):88–94.

唐燕，2010. 德国大都市区的区域管治案例比较 [J]. 国际城市规划 (6):58–63.

汪波，米娟，2013. 多伦多区域网络合作治理模式 [J]. 安庆师范学院学报 (社会科学版)(2):71–74.

汪伟全，2005. 论府际管理：兴起及其内容 [J]. 南京社会科学 (9):62–67.

王东强 , 钟志奇 , 文华 , 2013. 城乡统筹视角下的区域协作体制机制创新研究 [J]. 城市发展研究 (12):45–49.

王俊朝 , 2011. 中部三大城市群结构形态比较研究 [D]. 长沙 : 湖南大学 .

王猛 , 蔡竹欣 , 2019. 环杭州湾区与粤港澳大湾区的产业分工研究 [J]. 上海经济 (1):26–35.

王苹 , 2011. 欧洲一体化进程中的区域治理研究 [D]. 长春 : 吉林大学 .

王秋元 , 2009. 承前启后发展荷兰整体性长期规划——专访荷兰住房、空间规划与环境部国土规划司司长汉克·欧文科 [J]. 国际城市规划 (2):14–19.

王荣科 , 2002. 我国区域发展政策的回顾与展望 [J]. 安徽大学学报 (3):64–69.

王坦 , 赵晓斌 , 2006. 全球化下的中国热点城市与区域 [J]. 城市规划 (S1):19–22.

王伟 , 2009. 中国三大城市群经济空间宏观形态特征比较 [J]. 城市规划学刊 (1):46–53.

王晓俊 , 王建国 , 2006. 兰斯塔德与"绿心"——荷兰西部城市群开放空间的保护与利用 [J]. 规划师 (3):90–93.

王旭 , 2006. 从体制改革到治道改革——美国大都市区管理模式研究重心的转变 [J]. 北京大学学报 (哲学社会科学版)(3):92–99.

维辛克 , 2002. 在社会变革中的荷兰空间规划——参与的政治学 [J]. 国外城市规划 (2):11–14.

吴瑞坚 , 2014. 网络化治理视角下的协调机制研究——以广佛同城化为例 [J]. 城市发展研究 (1):108–113.

吴志成 , 2003. 治理创新 : 欧洲治理的历史、理论与实践 [M]. 天津 : 天津人民出版社 .

夏德孝 , 张道宏 , 2008. 区域协调发展理论的研究综述 [J]. 生产力研究 (1):144–147.

肖建华 , 袁野 , 2019. 长株潭重金属污染耕地修复治理 : 探索、困境与突破 [J]. 江西社会科学 (7):73–81.

谢庆奎 , 2000. 中国政府的府际关系研究 [J]. 北京大学学报 (哲学社会科学版)(1):26–33.

谢盈盈, 2010. 荷兰兰斯塔德"绿心"——巨型公共绿地空间案例经验 [J]. 北京规划建设 (3):64–69.

徐江, 2008. 多中心城市群：POLYNET 引发的思考 [J]. 国际城市规划 (1):1–3.

徐清梅, 张思锋, 牛玲, 等, 2002. 中国城市群几个基本问题的观点述评 [J]. 城市问题 (1):18–22.

徐现祥, 舒元, 2005. 协调发展：一个新的分析框架 [J]. 管理世界 (2):27–35.

徐毅, 吴舜泽, 侯庆霞, 2009. 发展我国城市群环境规划的若干建议 [J]. 环境保护 (21):37–39.

阎欣, 尹秋怡, 王慧, 等, 2013. 基于协同学理论的厦漳泉都市圈发展策略 [J]. 规划师 (12):34–40.

杨保军, 2004. 区域协调发展析论 [J]. 城市规划 (5):20–24.

杨慧, 2003. 统治·管理·治理：公共行政核心理念的变迁 [J]. 云南行政学院学报 (2):40–41.

姚军, 2006. 论我国领导干部政绩考核制度的完善 [D]. 长春：吉林大学.

姚士谋, 1992. 我国城市群的特征、类型与空间布局 [J]. 城市问题 (1):10–15,66.

叶林, 2012. 找回政府："后新公共管理"视阈下的区域治理探索 [J]. 学术研究 (5):64–69.

尹来盛, 冯邦艳, 2014. 中美大都市区治理的比较研究 [J]. 城市发展研究 (1):102–107, 121.

于洪俊, 宁越敏, 1983. 城市地理概论 [M]. 合肥：安徽科学技术出版社.

余军华, 吕丽娜, 2012. 武汉城市圈政策网络治理：参与主体与治理模式 [J]. 湖北经济学院学报 (4):66–70.

郁建兴, 楼苏萍, 2006. 近 20 年来法国地方治理体系变革与新治理结构 [J]. 学术研究 (1):78–83.

张紧跟, 2003. 组织间网络理论：公共行政学的新视野 [J]. 武汉大学学报 (哲学社会科学版)(4):480–486.

张紧跟, 2009. 从区域行政到区域治理：当代中国区域经济一体化的发展路向

[J]. 学术研究 (9):42–49.

张京祥, 2000. 城镇群体空间组合 [M]. 南京 : 东南大学出版社 .

张京祥, 2013. 国家—区域治理的尺度重构 : 基于 "国家战略区域规划" 视角的剖析 [J]. 城市发展研究 (5):45–50.

张京祥, 沈建法, 黄钧尧, 等, 2002. 都市密集地区区域管治中行政区划的影响 [J]. 城市规划 (9):40–44.

张京祥, 邹军, 吴启焰, 等, 2001. 论都市圈地域空间的组织 [J]. 城市规划 (5):19–23.

张鹏, 2010. 完善公众参与之对策探析——以长株潭城市群 "两型社会" 建设为研究对象 [J]. 城市 (10):53–57.

张尚武, 1999. 长江三角洲地区城镇空间形态协调发展研究 [J]. 城市规划汇刊 (3):32–35.

张旺, 徐习军, 曹峰, 2019. 新时期城市群一体化发展存在问题及对策研究——以长株潭城市群为例 [J]. 湖南工业大学学报 (社会科学版) (6):26–33.

张衔春, 刘泉, 陈守强, 等, 2019. 城市区域经济一体化水平测度 : 基于深莞惠次区域的实证研究 [J]. 城市发展研究 (7):18–28.

张衔春, 栾晓帆, 马学广, 等, 2018. 深汕特别合作区协同共治型区域治理模式研究 [J]. 地理科学 (9):1466–1474.

张衔春, 许顺才, 陈浩, 等, 2017. 中国城市群制度一体化评估框架构建——基于多层级治理理论 [J]. 城市规划 (8):75–82.

张衔春, 杨宇, 单卓然, 等, 2020. 珠三角城市区域治理的尺度重构机制研究——基于产业合作项目与交通基础设施项目的比较 [J]. 地理研究 (9):2095–2108.

赵珊, 2009. 长株潭地区非政府组织参与应急管理的困境与对策研究 [D]. 长沙 : 湖南大学 .

赵维良, 王呈慧, 2014. 中国城市群多中心性研究 [J]. 大连海事大学学报 (社会科学版) (2):5–9.

赵学彬, 2010. 政府治理视角下长株潭城市群空间增长研究 [J]. 规划师 (10):97–102.

郑重, 周永章, 2008. 区域发展整合协作与产业布局——京津冀区域发展的生态化机制 [C]. //2008 中国可持续发展论坛论文集 :349–351.

周振, 2009. 非政府组织在长株潭两型社会建设中的功能研究 [D]. 长沙 : 湖南大学 .

卓健, 刘玉民, 2009. 法国城市规划的地方分权——1919—2000 年法国城市规划体系发展演变综述 [J]. 国际城市规划 (S1):246–255.

Amin A, 1999. An institutionalist perspective on regional economic development[J]. International Journal of Urban and Regional Research, 23(2): 365-378.

Ancien D, 2005. Local and regional development policy in France: Of changing conditions and forms, and enduring state centrality[J]. Space and Polity, 9(3): 217-236.

Barnes W R, Foster K A, 2012. Toward a more useful way of understanding regional goverance[C]//Conference of the European Urban Research Association.

Berry B J L, Conkling E C, Ray D M, 1997. The Global Economy in Transition [M].2nd ed. Upper Saddle River: Prentice Hall Inc.

Boeijenga J, Mensink J, 2008. Vinex Atlas[M]. Rotterdam: Uitgeverij 010 Publishers.

Brenner N, 2000. Building "Euro-Regions" locational politics and the political geography of neoliberalism in post-unification Germany[J]. European Urban and Regional Studies, 7(4): 319-345.

Bruszt L, 2007. Evolving regional governance regimes: Challenges for Institution Building in the CEE countries[C]//Report prepared for the cluster workshop. Manuscript.

Cao S, Bi S, Dai F, et al., 2018.A study on large-scale waterfront spatial planning and design strategy for international cities[C]. Proceedings of the 16th symposium of landscape architecture Korea,China and Japan:9.

City-Region Studies Centre, 2012. Regional governance models: An exploration of structures and critical practices. Faculty of Extension, University of Albera[J/ OL]. (2012-03-05).http://www. municipalaffairs.gou.ab.ca/documents/Regional-Governance-Models-an-exploration-of-stractares.pdf.

Cole A, 2006. Decentralization in France: Central steering, capacity building and identity construction[J]. French Politics, 4(1): 31-57.

Cole A, John P, 1995. Local policy networks in France and Britain: Policy co-ordination in fragmented political Sub-Systems[J]. West European Politics, 18(4): 89-109.

Cooke P, 1989. Localities: The Changing Face of Urban Britain [M]. London: Unwin Hyman.

Davies L, 1996. Four World Cities: A comparative study of London, Paris, New York and Tokyo[D]. London: University College London.

Feiock R C, 2007. Rational choice and regional governance[J]. Journal of Urban Affairs, 29(1): 47-63.

Galès P L, 1998. Regulations and governance in European cities[J]. International Journal of Urban and Regional Research, 22(3): 482-506.

Hajer M, Zonneveld W, 2000. Spatial planning in the network society—Rethinking the principles of planning in the Netherlands[J]. European Planning Studies, 8(3): 337-355.

Halbert L, 2006. The polycentric city region that never was: The Paris agglomeration, Bassin Parisien and spatial planning strategies in France[J]. Built Environment, 32(2): 184-193.

Hall P, Pain K, 2006. The Polycentric Metropolis: Learning from Mega-City Regions in Europe [M]. London: Earthscan.

Heeg S, 2001. Politische Regulation des Raumes[M]. Berlin: Ed. Sigma.

Henocque Y, 2001. Urban communities and environmental management in France : The example of the Toulon Bay Contract[J]. Ocean & Coastal Management, 44(5-6): 371-377.

Hendriks F, 2006. Shifts in governance in a polycentric urban region: The case of the Dutch Randstad[J]. International Journal of Public Administration, 29(10-11): 931-951.

Jessop B, 2002. The Future of the Capitalist State[M]. Cambridge: Polity Press.

Lambregts B, Kloosterman R C, Van Der Werff M, et al., 2006. Randstad Holland: Multiple faces of a polycentric role model[M] // Hall P, Pain K. The Polycentric Metropolis: Learning from Megacity Regions in Europe. London: Earthscan: 137-145.

Lambregts B, Zonneveld W, 2004. From Randstad to Deltametropolis: Changing attitudes towards the scattered metropolis[J]. European Planning Studies, 12(3): 299-321.

Massey D, 1984. Spatial Division of Labor[M]. London: Routledge.

Matte K A, 2004. Governance[M].Chichester: John Wiley and Sons Ltd.

Newton K, 2012. Metropolitan governance[J]. European Political Science, 11(3): 409-419.

Nye J, Donahue J, 2000. Governance in a Globalizing World[M]. Washington: Brookings Institution Press.

Oakerson R J, 2004. The study of metropolitan governance[J]. Metropolitan Governance: Conflict, Competition, and Cooperation: 17-45.

Rhodes R A W, 1996. The new governance: governing without government[J]. Political Studies, 44(4): 652-667.

Sellers J, 2007. Honffmann-mattinot V. metropolitan governance [R]. United Cities and Local Governance.

Stoker G, 1998. Governance as theory: Five propositions[J]. International Social Science Journal, 50(155): 17-28.

Storm E , Holland M R, 2004. Managing Randstad Holland Managing Randstad Holland[C]. 40th ISoCaRP Congress 2004.

Tiebout C M, 1956. A pure theory of local expenditures[J]. Journal of Political

Economy, 64(5): 416-424.

Van Der Burg A J, Dieleman F M, 2004. Dutch urbanisation policies: From "compact city" to "urban network"[J]. Tijdschrift voor Economische en Sociale Geografie, 95(1): 108-116.

Van Der Burg A J, Vink B L, 2008. Randstad Holland towards 2040—Perspectives from national govemment[C]. Dalian: 44th ISOCARP Congress.

Jones V, 1942. Metropolitan Government[M]. Chicago: University of Chicago Press.

Wallis A D, 1994. The third wave: Current trends in regional governance[J]. National Civic Review, 83(3): 290-310.

Wanninger R, 1999. Danube pollution reduction programme socio-economic effects of water pollution in the danube river basin summary report. Programme coordination unit UNDP/GEF assistance.

Williams G, 1999. Institutional capacity and metropolitan governance: The Greater Toronto Area[J]. Cities, 16(3):171-180.

后 记

本书的雏形源于我在北京大学城市与环境学院攻读硕士学位时的学位论文。最早我对城市群区域治理的认识主要是基于高效政府主导与有效空间治理的价值取向，认为只要实现高效的空间治理就是良性的区域治理模式，即善治。记得对于长株潭城市群区域治理的深入认识源于在硕士阶段有机会参与中国城市规划设计研究院主导的对《长株潭城市群区域规划（2008—2020）》进行的修编项目，时值2013年全国范围内掀起简政放权与大部制变革的体制机制改革。在当时的制度背景下，借助项目调研，我获得了第一手了解区域发展事务的机会，并开展了长株潭城市群八市的部门访谈与调研。在某些棘手的区域发展议题下，我发现要实现有效空间治理，单纯依托省政府推动、地方政府执行的传统区域管理模式收效甚微。如何调动区域发展中各主体的建设积极性并获得政策追加与制度承认可能是更为广泛的区域治理需要思考的深层次问题。这一思维转变初步凝结于硕士论文之中，并在论文中极尽可能地体现客观记录区域发展实况的实证主义价值取向。

此后在博士四年多及博士后接近两年的学术训练之下，我对该硕士论文进行了补充与修正。除了对文本的小修小改，更多的是扩充与更新了长株潭城市群的区域发展现状以及融入了对多中心治理的思考。本书重点强调了两条治理主线：一是构建跨越管辖权的横向治理体制；二是将非正式组织与社会公众进一步融入区域治理过程中。前者是由于城市发展事务的区域化，特别是产业资本、劳动力资源、自然资源等在当前经济全球化中，均呈现了跨界流动的地理特征。后者是由于社会公众是区域治理的最终受益者与反馈者，是区域治理达成善治的考核主体。因此，多中心治理作为区域发展的重要治理模式对当前中国推进区域发展公平具有重要参考价值。

从案例区域来看，当前中国城市群区域治理的研究集中在几个重点发达沿海城市群，例如京津冀、长三角与粤港澳大湾区等。不得不承认这些政策与经济先行区的发展经验对于落后地区，包括尚处于快速工业化的中部地区具有重要的借鉴价值。但是，中国不仅仅是沿海的中国，也有广泛的内陆地区包括欠发达地区。在城市区域化的进程中，这些地区或城市群同样受到了国家的重视与政策扶持。同时，从学术意义上来说，这些区域也是理解改革开放后中国政治经济结构的重要地理单元。地理空间的不均衡性决定了内陆快速工业化的地区具有很多沿海城市群所不具备的发展路径与治理特征。现阶段中国中部城市群治理的成果相对不足是推动我进一步完善这一成果的重要动力之一。希望以此成果对理解中国城市群、中国政治经济现状稍有裨益。

本书成稿获得了不少支持与帮助。首先需要感谢的是我的硕士导师吕斌教授。吕老师在硕士论文的写作上给了我无私帮助，特别是在如何理解区域管理与区域治理这个问题上，许多洞见对我深化文稿具有莫大帮助。并且，吕老师也为我的项目调研提供了很多渠道与经费支持，使得本书最终得以成稿。同时，中国城市规划设计研究院的工程师许顺才、陈鹏、陈宇、邓鹏等也在项目运转、实地调研以及观点深化等方面给予了诸多帮助。我也要感谢他们在炎炎夏日与我一同穿梭于长沙的炙热街头。同样要感谢夏洋辉、刘承楷、刘彧以及王兴娥四位研究生在图稿绘制与校核、长株潭城市群信息收集与补充等方面的辅助。最后，感谢华中科技大学建筑与城市规划学院的单卓然副研究员与袁满副教授对于本书初稿的宝贵建议以及在书稿出版中提供的无私帮助。如果没有众人的合力就没有本书的顺利出版。

张衔春

2021年4月于浙江大学公共管理学院

图书在版编目（CIP）数据

中国城市群多中心治理机制研究：以长株潭城市群
为例/张衔春著. —杭州：浙江大学出版社，2021.11
ISBN 978-7-308-21961-7

Ⅰ．①中… Ⅱ．①张… Ⅲ．①城市群—城市管理—研
究—中国 Ⅳ.①F299.21

中国版本图书馆CIP数据核字(2021)第236505号

中国城市群多中心治理机制研究：以长株潭城市群为例

张衔春　著

策划编辑	吴伟伟
责任编辑	陈逸行
责任校对	马一萍
装帧设计	春天书装
出版发行	浙江大学出版社
	（杭州市天目山路148号　　邮政编码　310007）
	（网址：http：//www.zjupress.com）
排　　版	杭州林智广告有限公司
印　　刷	广东虎彩云印刷有限公司绍兴分公司
开　　本	710mm×1000mm 1/16
印　　张	11
字　　数	158千
版 印 次	2021年11月第1版　　2021年11月第1次印刷
书　　号	ISBN 978-7-308-21961-7
定　　价	58.00元